For Duane Christie
with all good wishes
Victor di Suvero
Tesuque 1999

¡Saludos!

POEMAS DE NUEVO MEXICO

POEMS OF NEW MEXICO

*Selected and Edited by Jeanie C. Williams
and Victor di Suvero*

Translations Edited by Consuelo Luz

Introduction by Victor di Suvero

*Selección y Edición por Jeanie C. Williams
y Victor di Suvero*

Traducción Editada por Consuelo Luz

Indroducción por Victor di Suvero

◁ W9-AMA-057

PENNYWHISTLE PRESS

Dedication

This book is dedicated with appreciation to the poets whose work is presented herein and to all the writers of New Mexico, living and dead, whose involvement with the land of New Mexico has created a body of work unique in its form to serve and delight the readers of today and tomorrow.

All rights to poems previously published in magazines, chapbooks, and books are retained by the poets to whom the copyrights have been assigned and all poems which are being published for the first time hereby have all reprint rights assigned to the poets who are the authors of the works in question. These rights include, but by no means whatsoever are limited to, all means of recording or reproducing the material through oral or visual means including videotape, film, and records.

Printed in the United States of America
by Publishers Press, Salt Lake City, Utah
First Edition

This book was typeset in Palatino by Jeanie C. Williams with the assistance of Richard Harris. The book design is by Black Mesa Productions. Cover design by Karen Embertson. Cover photo by Charles White.

Library of Congress Catalog Card Number: 94-069459

ISBN 0-938631-33-0   (paperback)

Unless otherwise noted all poems in this collection have been translated with the combined skill and talent of Consuelo Luz, Raúl and Reverie Escobedo and Xóchitl Ehrl.

Some of the poems in this anthology have appeared in various magazines and publications including *American Poetry Review*, *Blue Mesa Review*, *Casting into a Cloud*, *Crosswinds Magazine*, *Cutbank*, *Exquisite Corpse*, *Haiku Southwest*, *High Plains Literary Review*, *Hummingbird*, *Kayak Magazine*, *La Context Magazine*, *New Mexico Magazine*, *Prairie Schooner*, *Puerto del Sol*, *River Styx*, *Taos Review*, *South Dakota Review* and *Southwest: A Contemporary Anthology*, as well as in the books listed in each poet's biographical note.

Dedicación

Este libro está dedicado con aprecio a los poetas cuyas obras se presentan en él y a todos los escritores de Nuevo México, vivos y fallecidos, cuya relación profunda con la tierra de Nuevo México ha creado un cuerpo de trabajo único en su forma para servir y deleitar a los lectores de hoy y de mañana.

Derechos reservados © 1995 por Pennywhistle Press

Impreso en los Estados Unidos Norteamericanos E.E.U.U.
por Publishers Press, Salt Lake City, Utah
Primera Edición

Este libro fué compuesto en Palatino por Jeanie C. Williams con la ayuda de Richard Harris. El diseño del libro está hecho por Black Mesa Productions. Diseño de la portada por Karen Embertson. Foto portada por Charles White.

Número de Ficha de la Biblioteca del Congreso: 94-069549

ISBN 0-938631-33-0 (libro de bolsillo)

A menos de que se note al contrario todos los poemas en esta colección han sido traducidos con las habilidades y los talentos combinados de Consuelo Luz, Raúl y Reverie Escobedo y Xóchitl Ehrl.

Algunos de los poemas en esta antología han aparecido en varias revistas y publicaciones incluyendo *American Poetry Review, Blue Mesa Review, Casting into a Cloud, Crosswinds Magazine, Cutbank, Exquisite Corpse, Haiku Southwest, High Plains Literary Review, Hummingbird, Kayak Magazine, La Context Magazine, New Mexico Magazine, Prairie Schooner, Puerto del Sol, River Styx, Taos Review, South Dakota Review* y *Southwest: A Contemporary Anthology,* igual que en los libros alistados en la note biográfica de cada poeta.

Table of Contents

Introduction by **Victor di Suvero** 8 / *Introducción* 9

Shannon Acoya   *cowboy for hire* 12 / *un vaquero de alquiler*   13
Lucile Adler   *A Wedding Near Pilar*   16 / *Una Boda Cerca de Pilar* / 17
Francisco X. Alarcón   *Barrio de Analco*   18 / *Barrio de Analco*   19
Estevan Arellano   *Who I Am*   20 / *Soy Yo* 21
Robin Becker   *Shopping*   22 / *De Compras* 23
                Creative Writing   24 / *Escritura Creativa* 25
                Hold Back 26 / *Detenerse* 27
                Yom Kippur, Taos, New Mexico   28
                Yom Kippur, Taos, Nuevo México 29
                The White Place   30 / *El Lugar Blanco* 31
Charles Greenleaf Bell   *Midsummer Night in Aspen Meadows*   32
                Noche en Pleno Verano en Aspen Meadows 33
                Silver Lining   32 / *Forrado de Plata* 33
                Lean to the Ponderosa 32 / *Inclinate hacia el Pino* 33
Richard Bodner   *Rio Hondo* 34 / *Río Hondo* 35
John Brandi   *Some Reasons for God* 36 / *Algunas Razones por los Dioses* 37
                A Place in the Rocks I Won't Give Directions To   40
                Un Sitio en las Piedras a Donde No Doy Direcciones 41
                If They Ask   42 / *Si Preguntan* 43
Paul Bufis   *Northern New Mexico Landscape with Smoke*   44
                Paisaje del Norte de Nuevo México con Humo 45
                Northern New Mexico Landscape with Blue Moon   44
                Paisaje del Norte de Nuevo México con Luna Azul 45
                Northern New Mexico Landscape with Blue Jeans   44
                Paisaje del Norte de Nuevo México con Pantalones de Mezclilla 45
Bobby Byrd   *It* 46 / *Nunca* 47
Ioanna Carlsen   *Evening Walk*   50 / *Caminata por la Tarde* 51
Jaime Chavez   *Windows*   52 / *Ventanas* 53
Peggy Pond Church   *The Kites and the Petroglyphs*   54
                Los Papalotes y Los Petroglíficos 55
Jane Candia Coleman   *Jornada Del Muerto* 58 / *Jornada Del Muerto* 59
                A Found Poem   58 / *Un Poema Encontrado* 59
                Belle Starr Addresses the Sewing Circle   60
                Belle Starr se Dirige al Club de Coser de Mujeres 61
                Desert Flowers   62 / *Flores del Desierto* 63
                Newlyweds   64 / *Recién Casados* 65

Sheila Cowing   *Sunflowers at Gran Quivera   66*
Girasoles en Gran Quivera   67
Craig Denton   *Pajarito   68 / Pajarito   69*
Victor di Suvero   *We Do Not Own   72 / No Somos los Dueños   73*
What is Your Name?   74 / ¿Cuál es tu nombre?   75
How Did We Come Here?   76 / ¿Cómo Llegamos Aquí?   77
Robert Edwards   *Crossing Little Horse Creek   78*
Cruzando el Arroyo del Pequeño Caballito   79
Morgan Farley   *How to Own Land   82 / Como Poseer la Tierra   83*
Living and Dying on the San Juan River   82
Vivir y Morir en el Río San Juan   83
Thomas Fitzsimmons   *The Church at Chimayo   86 / La Iglesia en Chimayó   87*
Carolyn Forché   *Las Truchas   88 / Las Truchas   89*
Alfansa   90 / Alfansa   91
Mientras Dure Vida, Sobra el Tiempo   94
Mientras Dure Vida, Sobra el Tiempo   95
Gene Frumkin   *Soulfeathers for Albert Camus   100*
Plumas de Alma Albert Camus   101
Driving to Cuba, New Mexico   100
Manejando a Cuba, Nuevo México   101
Keeping Watch   102 / Vigilando   103
Cecilio Garcia-Camarillo   *Peculiar Smile   106 / sonrisa peculiar   107*
Greg Glazner   *Summer Elegy in Santa Fe   108 / Elegía Veraniega en Santa Fe 109*
After the Rains in Chimayo   110
Después de las Lluvias en Chimayo   111
Renée Gregorio   *Moving to Light   114 / Moviendose a la Luz   115*
Silent Dialogue   116 / Díalogo Silencioso   117
Drum Hadley   *Juan's Last Trail   118 / El Ultimo Sendero de Juan   119*
Susan Hafen   *The Bachelor Ride   122 / El Paseo del Soltero   123*
Joy Harjo   *Deer Ghost   126 / Fantasma de Venado   127*
Song for the Deer and Myself to Return On   128
Canción de Retorno Para Mi y los Venados   129
Penny Harter   *The Sun on Sandia Crest   130 / El Sol en Sandía Crest   131*
Christine Hemp   *A Momentary Stay Against the Changing of the Light   132*
Una Demora Momentánea en Contra del Cambio de la Luz   133
William J. Higginson   *At a Diner Near Chama, New Mexico   134*
En un Comedor Cerca de Chama, Nuevo México   135
Judyth Hill   *Your Writing's Not in Cochiti 136*
Tu Escritura No Está en Cochiti   137
Don't Show This to Anyone   140 / No Enseñes Esto a Nadie   141

Janet Holmes   *A Love Song from the Chimayó Landfill   142*
Una Canción Amor Desde el Basurero de Chimayó   143
The Miracle As I See It   144 / El Milagro Como Yo Lo Veo   145
Walking the Dogs on Horse Mesa   150
Paseando los Perros en la Mesa Caballo   151
Instinct   152 / Instinto   153
Stars. Wild Land.   152 / Estrellas. Tierra Salvaje.   153
Robyn Hunt   *Past Abiquiu   154 / Al Otro Lado de Abiquiu   155*
Max Paz Kline   *Back to Fall Again   156 / Otro Vez el Otoño   157*
Elizabeth Searle Lamb   *Haiku from the Acequia   158 / Haiku de la Acequia   159*
Harold Littlebird   *For Drum Hadley   160 / Para Drum Hadley   161*
White-Washing the Walls   162 / Alisando Las Paredes   163
Joan Logghe   *New Mexican Angels   164 / Angeles Nuevo Mexicanos   165*
Return to Española   166 / Regresso a Española   167
Robert Hill Long   *Dead Horse Point   170 / Dead Horse Point   171*
Consuelo Luz   *Taos   174 / Taos   175*
New Eyes   176 / Ojos Nuevos   177
Amalio Madueño   *Las Cruces   182 / Las Cruces   183*
Chimayo   184 / Chimayo   185
Canjilon   184 / Canjilon   185
E. A. Mares   *La Coqueta   186 / La Coqueta   187*
N. Scott Momaday   *Forms of the Earth at Abiquiu   190*
Formas de la Tierra en Abiquiu   191
Linda Monacelli-Johnson   *Ribera   192 / Ribera   193*
Raquel Montoya   *Unweaving My Tongue   196 / Destejiendo Mi Lengua   197*
Cathryn McCracken   *Outhouse   200 / El Común   201*
Mary McGinnis   *New Mexico Time   202 / Tiempo Nuevo Mexicano   203*
Beyond Feather and Bone   202
Mas Allá de Pluma y Hueso   203
Listening for Cactus   204 / Buscando el Sonido de Cacto   205
Karen McKinnon   *Vintage   206 / Vendimia   207*
Crossing   206 / Cruzando   207
The Loop   210 / El Lazo   211
Nora Naranjo-Morse   *When the Clay Calls   212 / Cuando el Barro Llama   213*
Gia's Song   212 / La Canción de Gia   213
Stanley Noyes   *Burned Mountain   218 / Montaño Quemada   219*
Marian Olson   *Santa Fe Winter   220 / Invieno de Santa Fe   221*
Morning Walk on Canyon Road   222
Caminata Matutina por Canyon Road   223
V. B. Price   *Mother of Myths   224 / Madre de Mitos   225*
Joy with No Difference   228 / Alegría sin Diferencia   229

Leo Romero   *Agua Negra   230 / Agua Negra 231*
Slow Poke Indian   230 / Indio Demorón 231
Levi Romero   *Wheels 234 / Ruedas 235*
It Goes On in That Way 236 / Así Sigue, de Esa Forma 237
Miriam Sagan   *Views of the Pecos   238 / Vistas de los Pecos 239*
Puye   240 / Puye 241
Jim Sagel   *Lost Again for Awhile   242 / Perdida de Nuevo por un Rato 243*
Dog sparks Dulce shooting   244
Perro de la chispa que causa un tiroteo en Dulce 245
Rebecca Seiferle   *Dredging for the Face of the Earth   246*
Dragando por la Cara de la Tierra 247
David Carlson Smith   *October Song   250 / Canción de Octubre 251*
Glen Sorestad   *Fifty Thousand Coyotes Can't Be Wrong   252*
Cincuenta Mil Coyotes No Pueden Estar Equivocados 253
Michael Sutin   *When the Christ Child Danced with the Deer 256*
Cuando el Niño Jesús Bailó con el Venado 257
Luci Tapahonso   *All I Want   258 / Todo lo que Quiero 259*
I Am Singing Now   260 / Estoy Cantando Ahora 261
Back Then, Sweetheart 262 / En Esos Días, Corazón 263
Nick Williams   *Angry Bites 264 / Mordidas Enojadas 265*
Keith Wilson   *In New Mexico Territory, As Best I Understand   268*
En el Territorio de Nuevo México, Como lo Comprendo Yo 269
Valley of the Rio Chama   270 / En Valle del Río Chama 271
The Arrival of My Mother 272 / La Llegada de Mi Madre 273

Biographies 274
Biografías 275
Credits 284
Reconocimientos 285

Introduction

The land of New Mexico, crowned by its mountains, carved by its arroyos, made desolate by its deserts and fruitful by its acequias has evoked songs and praises from all of the various people that have made it their home from the beginning of time. The original settlers in this land, the Anasazi, undoubtedly had their ways of praising the sun and noticing the power and majesty of the seasons. Their descendants and direct inheritors, the indigenous people of this land, have maintained a continuous oral tradition that celebrates its seasons and the life that springs from it with a poetry that is vital.

The first appearance of this land in any written form came as a result of the wandering of Nuñez Cabeza de Vaca whose *Relacion*, written to King Philip II of Spain in 1532, detailing the adventures of his shipwrecked companions and himself in a marvelous poetic memoir, has yet to be matched in terms of its humanity and compassion. It was followed in 1610 by Gaspar Perez de Villagra's *Historia de la Nueva Mexico*, Homeric in its vision, it stands today as the first epic poem ever conceived and written by anyone about the entry of the European consciousness into the Western Hemisphere.

Since that time, when the language and the points of view were rather different than they are today, many valid and valuable attempts were made to express the poetry of this New Mexico which, as the poet Francisco X. Alarcón reminds us, is "neither/new//nor/Mexico." Alice Corbin's anthology, *The Poetry of the Turquoise Trail*, published in the twenties, presented the poetry of the Anglo discovery of this new State of the United States in a clear and appreciative voice.

No comprehensive anthology of Hispanic or Native American Poetry dealing with the various aspects of this land has ever been produced. The present book, bilingual in its format, is the first attempt to collect in one volume both English and Spanish versions of the way poets in New Mexico speak and sing their poetry today.

The poetry in this volume speaks for itself in a language that we like to term "the language of the heart." This poetry recognizes no frontiers, no boundaries, either of the political or of the cultural kind. It is poetry that

Introducción

La tierra de Nuevo México, coronada por sus montañas, esculpida por sus arroyos, hecha desolada por sus desiertos y fructífera por sus acequias ha evocado canciones y alabanzas de todas las varias gentes que han hecho de ella su hogar desde los comienzos del tiempo. Los pobladores originales de esta tierra, los Anasazi, sin duda tuvieron sus formas particulares de alabar al sol y fijarse en el poder y la majestuosidad de las estaciones. Sus descendientes y herederos directos, la gente indígena de esta tierra, han mantenido una tradición oral contínua que celebra sus estaciones y la vida que brota de ella con una poesía que es vital.

La primera aparición en esta tierra de cualquier forma escrita vino como resultado de la divagación de Nuñez Cabeza de Vaca cuya *Relación*, escrita al Rey Felipe II de España en 1532, detallando las aventuras de sus compañeros naufragados y de él mísmo en unas memorias poéticas maravillosas; nada las ha podido igualar hasta este entonces en términos de su humanidad y compasión. Fué seguido en 1610 por la *Historia de la Nueva México* Gaspar Pérez de Villagra, con su vista Homérica está situada como el primer poema épico jamás concebido y escrito por cualquier persona acerca del ingreso de la consciencia européa en el hemisferio occidental.

Desde ese tiempo, cuando el idioma y los puntos de vista eran bastante distintos a los de hoy en día, muchos intentos válidos se hicieron para expresar la poesía de este Nuevo México, el cual, como nos recuerda el poeta Francisco X. Alarcón, "no es ni nuevo ni México." La antología de Alice Corbin, *The Poetry of the Turquoise Trail*, publicada en los años veinte, presentó la poesía del descubrimiento de este nuevo estado de los Estados Unidos Norteamericanos en una voz clara y apreciadora.

Ninguna antología comprensiva de Poesía Hispana o Indígena tratando con los varios aspectos de esta tierra jamás se ha hecho. El libro aquí presentado, de formato bilingüe, es el primer intento de recolectar en un volúmen ambas versiones, en inglés y en español, del modo en que los poetas de Nuevo México hablan y cantan su poesía hoy.

La poesía en este volúmen habla por sí misma en un lenguaje que nos gusta nombrar "el idioma del corazón." Esta poesía no reconoce fronteras de

reaches back into prehistory while keeping an eye on a future made up of dreams and possibilities. It incorporates the work of classically oriented poets as well as that of poets pushing out into new territory in order to share with the reader a few aspects of the variety that is a hallmark of the New Mexico experience.

Since New Mexico is fortunate to have one of the oldest and richest literary traditions of any region in the Americas, it is only to be expected that the work of poets writing today incorporates influences that reach into the past. The *cuentos, romances* and *hablados* inform today's poetry as much as the cowboy songs and the jazz and rap that are part of our culture today.

All of the poets included in this anthology are alive and well and busy writing with one exception—Peggy Pond Church, who died in 1986, but whose poem is included because of its special music, as counterpoint to all the others.

Some will call this book a sampler; and, in a way, it is. If it serves as an introduction to the work of the poets in this collection it will have done well because each one of the poets represented here has a body of work that is important and available to the reader in other publications and, yes, there are other significant poets writing today in and about New Mexico whose work does not appear in *¡Saludos!* due to the exigencies of time, permissions and difficulties of communication.

All in all, it was the poetry itself that determined the final selection of the work in this volume. Each poem salutes life and the way it is lived in New Mexico today. All of us have worked together to bring you, the reader, a reflection of this State, which is also a State of Being. We trust that you will come to know the life we live here in a new way, one that will please you as it pleases us in New Mexico.

Victor di Suvero, Editor

ninguna forma, tampoco límites de naturaleza política o cultural. Es una poesía que se extiende a la pre-historia a la vez que mantiene la vista en un futuro hecho de sueños y posibilidades. Incorpora el trabajo de poetas inclinados a lo clásico igual que de poetas extendiéndose hacia territorio nuevo para compartir con el lector unos cuantos aspectos de la variedad que es un sello distintivo de la experiencia nuevomexicana.

Dado que Nuevo México tiene la buena fortuna de poseer una de las tradiciones literarias más viejas y ricas que en cualquier otra región de las Américas, es de esperar que el trabajo de los poetas que están escribiendo hoy en día incorpora las influencias que datan al pasado. Los cuentos, romances y los hablados informan la poesía de hoy tanto como lo hacen las canciones de vaqueros y el jazz y rap que informan parte de nuestra cultura hoy en día.

Todos los poetas incluídos en esta antología están vivos y bien y ocupados con una excepción-Peggy Pond Church, quien falleció en 1989 cuyo poema está incluído de todas formas por su música especial, como contrapunto a todos los demás.

Algunas personas llamarán a este libro un muestrario; y, en una forma, lo es. Si sirve como una introducción a las obras de los poetas que se encuentran en esta colección, habrá hecho bien porque cada uno de los poetas representados aquí tiene un cuerpo de trabajo que es importante y está disponible al lector en otras publicaciones y, sí, hay otros poetas significantes escribiendo hoy en día en y sobre Nuevo México cuyo trabajo no aparece en ¡Saludos! debido a las exigencias del tiempo, permisos y las dificultades de la comunicación.

De todo en todo, fué la poesía misma que determinó la selección final del trabajo en este volúmen. Cada poema saluda a la vida y la forma en cómo se vive en Nuevo México hoy. Todos nosotros quienes hemos trabajado para traerle a Ud., el lector, una reflección de este Estado, que también es un Estado de Ser, confiamos en que Ud. llegará a conocer la vida que vivimos aquí en una forma nueva, una que le agradará como nos agrada a nosotros en Nuevo México.

Victor di Suvero, Editor

cowboy for hire

Shannon Acoya

a cowboy for hire named Paco
worked at the Bar 29 Cattle Association
out on the reservation

he was a talented rustler
permanent alcoholic
camped out at the ranch
with his lasso and a twelve pack
mean ol' badass
god forbid when he sobered up
          wouldn't think twice about running you over with his horse

Late one evening when his drinking well went dry
he saddled up the best horse belonging to old man Sanchez
and headed off to the One Eyed Saloon
12 miles east

After a few hours and many drinks
Paco sloppily mounted the horse
and started back home

it was dark
a dirt road
the horse got spooked
and threw Paco off
into the snakewood and cactus

he cursed and grappled
as he blearily watched the paint
gallop down the road and out of sight

The next morning Bufort Candelaria was on his way to the ranch
when he had to stop at the cattleguard crossing
Old man Sanchez's horse was sprawled across the metal grate
a broken leg stuck between the bars

un vaquero de alquiler

Shannon Acoya

Un vaquero de alquiler que se llamaba Paco
Trabajaba en el Bar 29 Cattle Association
por allá en la reservación

Era un talentoso cuatrero
un alcohólico permanente
acampado en el rancho
con su lazo y doce latas de cerveza
un malvado bien hecho
Dios nos libre cuando se des emborrachaba
        porque no le importaba si te pisotearlo a uno con su caballo

Una noche cuando se quedó con nada que tomar
ensilló el mejor caballo que le pertenecía al viejo Sanchez
y se encaminó a la Cantina del Tuerto
12 millas al éste

Después de algunas horas y muchos tragos
Paco montó chapuceramente al caballo
y empezó el camino casa

estaba oscuro
un camino de tierra
el caballo se asustó
y tiró a Paco
en el cacto y la maleza

se retorcía y maldecía
 mientras que enturbiado veía al pinto
galopar por el camino hasta desaparecerse

Al siguiente día Bufort Calendaria estaba en camino al rancho
cuando se detuvo en una cruzada guardaganado
El caballo del viejo Sánchez se encontraba tendido encima de la parrilla
   metálica
una pierna rota atascada entre las barras

the horse was shot
the leg sawed off

you can still see the amputated limb
sticking out
when you pass the cattleguard on your way to the ranch

a reminder to Paco
that he's no longer welcome
no longer a cowboy for hire

mataron al caballo con un tiro
la pierna se la cortaron con un serrucho

todavía se puede ver el miembo amputado
destacándose
cuando pasa uno el guardaganado camino al rancho

sirviéndole a Paco como recuerdo
que ya no es bienvenido
que ya no es un vaquero de alquiler

A Wedding Near Pilar

Lucile Adler

Among these lava rocks, a wedding.
The bride wears peach flowers
And a hawk circles the running water.

No one knows what is best:
Is it right to carry lighted candles
Before dark across the water?

Or right to break off peach flowers
For a crown, however humble? The hawk
Shadows the rocks with foreboding.

Is it the right season?
Will the bride remain faithful?
The hawk depends on abundant waters

Near the black-clad guests;
The bride will depend—on what?
Does she know what will nourish her,

What is best? Here is a wedding, a spray
Of peach, a jet of water upon rock,
Even a ceremony of wings;

As they light the candles they wait
For the sure-footed groom to step over,
But no one is sure of him,

Or if the wedding should go on
Beside the running water,
Or if it is for the best.

Una Boda Cerca de Pilar

Lucile Adler

Entre estas piedras volcánicas, una boda.
La novia viste de flores de durazno
Y un gavilán gira encima del agua corriente

Nadie sabe lo que sería mejor:
¿Es propio marchar con velas prendidas
al cruzar el río antes de que anochezca?

¿O sería propio desprender las flores de melocotón
Para hacer una corona no obstante lo humilde que sea? El gavilán
Proyecta su sombra sobre las rocas con premonición.

¿Es la estación propia del año?
¿Se mantendrá fiel la novia?
El gavilán depende en una abundancia de agua.

Cerca de los huéspedes vestidos de negro;
La novia dependerá en qué?
¿Tiene alguna idea de lo que la sostendrá,

De lo que le conviene? He aquí una boda, una ramita de
Durazno, un chorro de agua sobre las piedras,
Aún una ceremonia de alas;

Mientras prenden las velas, ellos esperan
para que cruce el novio de pie firme,
Pero nadie está seguro de él,

O si acaso la boda debería proseguir
Al lado del agua corriente,
o si sería lo más conveniente.

Barrio de Analco

Francisco X. Alarcón

the adobes
of the oldest barrio
in this nation
speak Nahuatl

Analco
          Analco
"the other side
of the river"

El Palacio Real
was established
on the north side
of the Río de Santa Fe

but here on the south
side of the river
is where la Raza
lived

the Tlaxcalans
the Indian allies
the servants
the mixed bloods

the backbone
the muscle
the real hands
of the empire

on the thick walls
of San Miguel
the oldest church
in this new land

I can still hear
your prayers
half in Nahuatl
half in Spanish

were you aware
that coming north
you were coming
back to Chicomoztoc

the mythical land
of the seven caves
the original homeland
of the Nahua people?

these are the fields
you went on tending
the old acequias
you clean out in Spring

these are the floors
you kept on sweeping
the vigas you placed
on dwelling roofs

these are the pots
you molded out of clay
your food is still served
on most of the tables

the whole city
is an outgrowth
of your mestizo
dreams

Barrio de Analco

Francisco X. Alarcón

los adobes
del barrio más antiguo
de esta nación
hablan náhuatl

Analco
   Analco
"al otro lado
del río"

El Palacio Real
se estableció
en la ladera norte
del Río de Santa Fe

aquí en la ladera
sur del río
es donde la Raza
vivía

los tlaxcaltecas
los aliados indios
los sirvientes
los mestizos

la médula
el músculo
las verdaderas manos
del imperio

en los gruesos muros
de San Miguel
la iglesia más antigua
de esta nueva tierra

todavía puedo oír
sus oraciones
mitad en náhuatl
mitad en español

¿sabían ustedes
que al venir al norte
estaban regresando
a Chicomoztoc

la tierra mítica
de las siete cuevas
la patria original
del pueblo nahua?

éstos son los campos
que tanto cultivaron
las viejas acequias
que limpiaban cada año

éstos son los pisos
que seguido barrían
las vigas que pusieron
en los techos de las casas

éstas son las ollas
que moldearon en barro
su comida todavía se halla
en la mayoría de las mesas

la ciudad entera
salió en realidad
de sus sueños
mestizos

(Translated by Francisco X. Alarcón)

Who I Am

Estevan Arellano   *(Translated into English by*
Consuelo Luz)

Also the goat's heads that are used for tea
grandmother's tea, cota tea
all native to Rio Arriba
as the berries of the earth,
the gooseberry, strawberry and chokecherry,
New Mexican plants.

Abandoned like the adobe houses
like the poet of the people, with his gold
glistening but nobody sees it,
nobody pays attention, they abandon us
like stepchildren of tourism, we aren't
exotic enough, we have blistered feet and a black spot.

No one knows who we are, although we are
native, sons of the people, the gold of the barrio
that's what we are, with earth in our nails,
drinking mint tea, healing
our wounds with homemade poultice
that is who I am, rooted in the dark earth
where I plant chile, harvest corn and
remain in time working the sacred earth,
irrigating with holy water.

Soy Yo

Estevan Arellano

Tambien los toritos, que se usan pa' té
té de la abuela, té de cota
todos son nativos del Río Arriba
igual que son las moras de la tierra,
el garambullo, moras de matas, y capulín,
matas nuevomexicanas.

Abandonados como las casas de adobe
así como el poeta del pueblo, con el oro
luciendo pero nadie lo ve,
nadie nos hace caso, nos abandonan
como entena'os del turismo, no
somos curiosos bastante, somos patas rajadas colas negras.

Pero nadie sabe quien somos, aunque somos
nativos, hijos del pueblo, el oro del barrio
eso somos, con tierra en las uñas
bebiendo té de yerbabuena, curando
nuestras llagas con encera'o hechizo
ese soy yo, enraizado en la tierra prieta
donde siembro chile, cosecho maíz y me
mantengo labrando la tierra sagrada,
regando con el agua bendita.

Shopping

Robin Becker

If things don't work out
I'll buy the belt
with the fashionable silver buckle
we saw on Canyon Road.
If we can't make peace
I'll order the leather duster and swagger
across the plaza in Santa Fe
cross-dressing for the girls.
If you leave I'll go back
for the Navajo blanket
and the pawn ring, bargain
with the old woman who will know
I intend to buy.
If you pack your things,
if you undress in the bathroom,
if you see me for what I am,
I'll invest in the folk art mirror
with the leaping rabbits
on either side, I'll spring
for the Anasazi pot with the hole
in the bottom where the spirit
of the potter is said to escape
after her death.
If you say I never intended
to share my life, I'll haunt the museum
shops and flea markets,
I'll don the Spanish riding hat,
the buckskin gloves with the fringe at the wrists,
I'll step into the cowboy boots
tanned crimson and designed to make
any woman feel like she owns the street.
If you never touch me again
we'll both survive this simmering summer—
you down to two boxes of books,
a standing lamp, and a portable closet.
I'll do what my mother did
after she buried my sister:
she outfitted herself in an elegant suit
for the rest of her life.

De Compras

Robin Becker

Si las cosas no salen bien
compraré el cinturon
con la hebilla de plata de moda
que vimos en Canyon Road:
si no podemos lograr la paz,
ordenaré el sobretodo de cuero y fanfarronearé
por la Plaza de Santa Fe
vistiéndome de hombre para las chicas.
Si te vas, volveré
por la manta Navajo,
y el anillo fiado, regatearé
con la anciana que sabe
que tengo la intención de comprar.
Si preparas tus maletas,
si te desvistes en el baño,
si me ves por la persona que soy,
invertiré en el espejo de arte popular,
con los conejos que saltan
a cada lado, escogeré
a la cerámica anasazi agujerada
en el fondo por donde
se dice que se escapa
el espíritu de su creador al morir.
Si dices que yo nunca pensé
compartir mi vida,
frecuentaré las tiendas de musco y el rastro.
Me pondré el sombrero de montar español,
los guantes de gamuza con fleco en las muñecas,
me pondré las botas de vaquero,
teñidas carmesí y diseñadas para que
cualquier mujer se sienta dueña de la calle.
Si nunca me tocas otra vez
ambos sobreviviremos este hirviente verano -
tú con solo las dos cajas de libros que te quedan,
una lámpara vertical, y un ropero portátil.
Haré lo que hizo mi madre
después de que enterró a mi hermana:
se vistió en un traje elegante
por el resto de su vida.

Creative Writing

Robin Becker

Please show the highway—desolate—
& the local people. I'd like to feel
something for your characters
but here you're telling, telling, telling
instead of giving one clear image.
What do you mean by *depressing?*
Can you give me an example?
Please come to conference.
Perhaps we can work this out together.
Bring a photo of the pueblo
& the mountains & the fog . . .
I know you saw what you saw
but your job is to prove it:
to show us how you walked
in that particular dirt on that particular day,
stepping from the cool adobe into the light
with no words for anything,
six hundred feet above the muddy Rio Grande.

Escritura Creativa

Robin Becker

Por favor muestre la carretera—desolada—
& la gente local. Quisiera poder sentir
algo por sus personajes
pero aquí viene contando, contando, contando
en vez de comunicar una sola imágen clara.
¿Qué quiere usted decir con la palabra *deprimente*?
Me puede dar un ejemplo?
Por favor conferenciemos.
Puede que lo podamos solucionar.
Traiga una fotografía del pueblo
& de las montañas & de la bruma . . .
Yo sé que viste lo que viste
pero su tarea es de probarlo:
de enseñarnos como anduviste
sobre esa tierra específica en ese día específico,
pasando de lo fresco del adobe a la luz
sin palabras para las cosas,
a seiscientos pies encima de un lodoso Río Grande.

Hold Back

Robin Becker

Like afternoon shadows on October adobes, she will fall
    and fall on me, wind fluttering white at the window,
        smell of piñon fires and first snow

on the mountain. Cool blue altitudes we drive,
    down here we burn, let silence rain its quiet
        weather, let her suntanned arm graze mine

with its peachbloom glaze; I know how to walk away
    and come back shining. In time she will open her shirt,
        she will show me her neck, she will close her eyes

as the cottonwood leaves *swish swish* outside
    and her legs are like trees rooted to this place
        we inhabit briefly, like lovers. But we're not yet

lovers, we're seekers from the valleys,
    laden with turquoise and silver, interested
        in each other the way traders fall in love

with a beautiful bracelet, the one we haven't had
    and still think will make a difference. But we're not
        thinking of the future—that's one of the conditions—

I'm tracing her palm with my finger and feeling
    the Rio Grande rush over the autumn stones. I'm kissing
        the inside of her elbow, the moccasin-soft skin

is a song I heard at the pueblo when the women
    danced together and the small, mysterious movements.
        Soon she'll lie on her stomach with her chest pressed

into the thin sheet and I'll climb
    to her back, freckled with summer
        light. Impatient, she throws her head left and right,

she wants me to begin, she's been waiting
    all afternoon for my hand
        at the base of her spine,

so I hold back. All we know of pleasure
    is pleasure delayed, the fine
        restraint which once given over is gone.

Detenerse

Robin Becker

Como las sombras de la tarde que caen sobre los adobes en octubre, ella caerá
   y caerá sobre mí, el viento revoloteando blanco en la ventana,
      el olor de fuegos de leña de piñón y de la primera nieve

en la montaña. Manejamos por altitudes azules frescas,
   acá abajo nos quemamos, deja que el silencio llueva su clima
      quieto, deja que su brazo bronceado por el sol roze contra el mío

con su lustre de flores de durazno; yo sé como retirarme
   y regresar brillando. Con el tiempo, ella abrirá su camisa,
      me enseñará su nuca, cerrará sus ojos

mientras que las ojas de álamo se crujen y silban afuera
   y sus piernas son como arboles enraizados a este lugar
      que habitamos brevemente, como amantes. Pero aún no somos

amantes, somos buscadoras de los valles,
   cargadas con turquesa y plata, interesadas
      una en la otra en la manera en que comerciantes se enamoran

de una pulsera linda, la que todavía no poseemos
   y la que creemos hará la diferencia. Pero no estamos
      pensando en el futuro—esa es una de las condiciones—

Estoy trazando su palma con mi dedo y sintiendo
   el Rio Grande precipitándose por las piedras otoñales. Estoy besando
      el interior de su codo, su piel suave como una mocasina

es una canción que oí en el pueblo cuando las mujeres
   bailaron juntas los pequeños movimientos misteriosos.
      Al rato se acostará boca abajo, su pecho contra

la sábana delgadita y yo me treparé
   en su espalda salpicada con la luz
      del verano. Impaciente, agita su cabeza hacia la izquierda y la derecha,

ella quiere que yo empieze, ha estado esperando
   toda la tarde por mi mano
      en la base de su columna vertebral,

y por eso me detengo. Todo lo que sabemos de placer
   es placer aplazado, el fino
      control que ya una vez que se entrega, se pierde para siempre.

Yom Kippur, Taos, New Mexico

Robin Becker

I've expanded like the swollen door in summer
      to fit my own dimensions. Your loneliness

is a letter I read and put away, a daily reminder
      in the cry of the magpie that I am

still capable of inflicting pain
      at this distance.

Like a painting, our talk is dense with description,
      half-truths, landscapes, phrases layered

with a patina over time. When she came into my life
      I didn't hesitate.

Or is that only how it seems now, looking back?
      Or is that only how you accuse me, looking back?

Long ago, this desert was an inland sea. In the mountains
      you can still find shells.

It's these strange divigations I've come to love: mid-day sun
      on pink escarpments; dusk on grey sandstone;

toe-and-finger holes among the three-hundred and fifty-seven foot
      climb to Acoma pueblo, where the spirit

of the dead hovers about its earthly home
      four days, before the prayer sticks drive it away.

Today all good Jews collect their crimes like old clothes
      to be washed and given to the poor.

I remember how my father held his father around the shoulders
      as they walked to the old synagogue in Philadelphia.

"We're almost there, Pop," he said. "A few more blocks."
      I want to tell you that we, too, are almost there,

for someone has mapped this autumn field with meaning, and any day
      October, brooding in me, will open to reveal

our names—inscribed or absent—
      among the dry thistles and spent weeds.

Yom Kippur, Taos, Nuevo México

Robin Becker

Me he estirado como una puerta hinchada en verano
    para acoplarme dentro de mis propias dimensiones. Tu soledad

es una carta que leí y que guardé, un recuerdo diario
    en el grito de una urraca de que todavía

soy capaz de infligir dolor
    a esta distancia.

Como una pintura, nuestra conversación es rica en descripciones,
    casi-verdades, paisajes, frases cubiertas

con una pátina con el pasar del tiempo. Cuando ella apareció en mi vida,
    no me detuve.

¿O será solamente como me parece ahora en retrospectiva?
    ¿O será solamente como me acusas en retrospectiva?

Hace mucho tiempo este desierto era un mar interior. En las montañas aún
    se pueden encontrar conchas.

Son estas divagaciones extrañas que he llegado a amar: sol de medio día
    sobre escarpa color de rosa; atardecer sobre piedra arenisca gris;

hoyos para los pies y dedos através de la subida de trescientos cincuenta y
    siete pies al pueblo de Acoma, donde el espíritu

de los muertos flota encima de su casa terrestre
    cuatro días, antes de que las varas de rezo emplumadas lo despiden.

En este día todos los buenos judíos coleccionan sus crimenes como ropa vieja
    para lavarse y para dársela a los pobres.

Yo me acuerdo como mi padre abrazaba a su padre alrededor de los hombros
    mientras caminaban a la antigua sinagoga en Filadelfia.

"Ya casi llegamos papá," dijo. "Unas cuantas cuadras más."
    Quiero decirte que nosotros también casi hemos llegado,

porque alguien ha trazado el mapa de este campo de otoño con significado,
    y cualquier día Octubre, ruminando en mi, se abrirá para revelar

nuestros nombres—inscritos o ausentes—
    entre el cardo seco y yerbas gastadas

The White Place
for Georgia O'Keeffe

Robin Becker

Bands of gray and rose bind Time in stone.
    Easy to lose yourself
      among enormous white tears
      of spiraling rock.
You walked here, swallows left their tracks
    in the air.
The Indians say, "He has heard the coyote bark,"
    when a man surpasses others
in understanding.
      You dressed in black & white
     that your own body might become
  an absence.
No clouds filter the sun's ultraviolet
    and exacting heat. There are scientific
     explanations for
  that particular clarity of light
found at eight thousand feet
     in the southwestern desert. I want
   the desert with nothing interfering,
to know that everything
    with the capacity to burn has burned
   and burned back to itself.

   A canyon wren dead on the trail.
     No more or less than sandstone
      turning to chalk
   in my hand. But animals lure us
  to feeling, bird calls and stray dogs
return us to ourselves.

Late summer. The coyote sings every night
   and the harp inside me resonates.
    I think of the gestures of certain women
   who reflect light, saturated
with themselves, composed and
   moving to further composure.

El Lugar Blanco
para Georgia O'Keeffe

Robin Becker

Bandas de gris y rosa unen el Tiempo con la piedra.
        Fácil de perderse uno mismo
            entre las enormes lágrimas blancas
            de los espirales de roca.
Tú caminaste por acá, las golondrinas dejaron sus huellas
        en el aire.
Los indígenas dicen, "El ha oído al coyote ladrar,"
        cuando un hombre sobrepasa a los demás
en su conocimiento.
          Tú te vestiste en blanco y negro
          para que tu propio cuerpo se vuelva
    una ausencia.
Ninguna nube filtra el calor ultravioleta
      y exigente del sol. Hay explicaciones
        científicas para
    esa claridad exacta de luz
que se encuentra a ocho mil pies
        en el desierto del suroeste. Yo quiero
      el desierto con nada interfiriendo,
saber que todo
      con la capacidad de quemarse se ha quemado
        y vuelto a quemarse a lo que era.

    Un reyezuelo del cañón muerto en el sendero.
      Ni más ni menos que piedra arenisca
        volviéndose cal
    en mi mano. Pero animales nos inducen
  a sentir, pájaros que llaman y perros vagos
que nos devuelven a nosotros mismos.

Al final del verano. El coyote canta todas las noches
      y la harpa dentro de m´í resuena.
        Pienso de los gestos de ciertas mujeres
      quienes reflejan luz, saturadas
con ellas mismas, serenas y
      moviéndose hacia mayor serenidad.

Midsummer Night in Aspen Meadows

Charles Greenleaf Bell

Winding down three valleys from fir mountains,
Converging pastures, flickering fires in dark now—
I see the world like that: multi-dimensional
Comet-slug, shaping time-space lendings as it goes.

And by each eye of fire, in the cave of Nativity,
Krishna dancers, bongo hippies, single acid brooder,
Spin cocoons of vision, inwardness as always
Reaching out—to be the whole earth-river,

Glacier of merging soul-fires down black mountains,
The comet filled with eyes, it cannot be—and is.

Silver Lining

Give me a hill, that when it rains
Shows some far-off corner of the scene—

Mountains lighted by the sun
With all the cloud-washed air between—

Sandia, Jemez, Taylor, through the veil,
To keep one life-illusion real.

Lean to the Ponderosa

This landscape, roll with it; flow out over lava
Mesas, first smog creeping from Albuquerque
And over the Chama gap from Farmington;

This landscape that was fire and will be smoke-
Poison (we agar-plate bacteria), feel now
Its soul in the rock, springs in the rivers;

In the basalt bowl lifted over the world, sit
And wait chastened; not hate . . . not even pity;
Wonder at a being whose fatal flaw was love.

Noche en Pleno Verano en Aspen Meadows

Charles Greenleaf Bell

Bajando por tres valles desde la sierra de abeto,
Prados que se juntan, fuegos trémulos en la oscuridad ahora—
Yo veo la vida así: multidimensional
Cometa-caracól, formando préstamos de tiempo-espacio a medida que se
    desenvuelve.

Y cerca de cada ojo de fuego, en la cueva de Natividad,
Danzantes de Krishna, hippies con sus tambores, un solo rumión con su ácido,
hilando capullos de visión, interioridad como siempre
Extendiéndose—para llegar a ser el río de toda la tierra,

Glaciar de fuegos de alma que se unen deslizándose por la negra montaña
El cometa lleno de ojos, no puede ser—y lo es.

Forrado de Plata

Dénme un cerro, que cuando llueve
Muestra una esquina remota de la escena—

Montañas iluminadas por el sol
Y entremedio todo el aire lavado por las nubes—

Sandía, Jémez, Taylor, através del velo
Para mantener real una ilusión de vida.

Inclínate hacia el Pino

Este paisaje, rueda con él; fluye sobre la lava
Mesas, el primer esmog arrastrándose desde Albuquerque
Y desde Farmington através de la brecha de Chama;

Este paisaje que fué fuego y que será humo-
Veneno (nosotros agar-plate bacteria), ahora sentimos
Su alma en la roca, ojos en los ríos;

En la olla de basalto elevada sobre todo el mundo, siéntate
Y espera con humildad; nada de odio . . . ni siquiera de lástima;
Asómbrate de un ser cuya falla fatal fue el amor.

Rio Hondo

Richard Bodner

My grown son, once bathed in whirlpools
  where branches of a sacred river join,
    now takes my hand and draws me
      along the glacial river's rush
      along the upper Rio Hondo,
        on my late father's birthday,

where once again we've taken whirlpool turns,
  each holding the other's hand
    to keep the bather from being swept away
      downstream, where the steeper river runs
        in crashing rapids through
          the bone-grinding boulders
            rolled by time wearing
              the mountain away.

Reading from a worn booklet my father read from,
  we water an old prayer
    with the runoff of our hearts—
      and then we hug,
tall as the mountain on which we stand
    for a brief, almost-summer moment still,
      as if one soul in the gravity of love
        tumbling & plunging through
          the generations on
            could hold
          the river's journey
            in its arms.

Río Hondo

Richard Bodner

Mi hijo ya crecido se bañaba antes en remolinos de agua
   donde los brazos de un río sagrado se unen,
      ahora coge mi mano y me jala
         a lo largo de de la corriente del río glacial
         a lo largo del Río Hondo de arriba,
            en el cumpleaños de mi ya fallecido padre,

donde una vez más hemos tomado vueltas de remolino,
   uno tomando al otro de la mano
      para prevenir que la corriente se lleve
         al bañador río abajo, donde el río se agudece
            y corre en cascadas estrepitosas por entre
               las peñas molehuesos
                  rodadas por el tiempo
                     desgastando la montaña.

Leyendo de una libreta desgastada de donde mi padre leía,
   regamos una oración antigua
      con el desagüe de nuestros corazones—
         y luego nos abrazamos,
tan altos como la montaña en la cual nos paramos
      durante un breve momento casi-verano todavía,
         como si un alma en la gravedad del amor
            rodando y lanzándose por entre
               las generaciones
                  pudiera cargar
               en sus brazos
                  la jornada del río.

Some Reasons for the Gods

John Brandi

This afternoon before the ceremonies
a few of us hiked to a sandstone cave, high in
a cliff face off the shortcut road to Gallup.
I hoped for some pottery, old bones
or beads. But we found only recent graffiti carved
in the pink upper lip of the cave.
      It said: "Charles Made Love To Me"

Later, I realized that graffiti
spoke deeply about what is there in nature anyway:
cave joined to sky, darkness of mother earth
opened to light of father sun
who impregnates her with the power of growth.
Because some one had been made love to
in that damp opening, & returned to mark the spot,
the place—in a weird way—had been sanctified.

Afterwards, in Zuni, I walked
through the old part of town, the sun lowering
behind huge stacks of cedarwood—just watching people,
smelling smells, & feeling good about this village
that has nurtured me for so many years.

When the kachinas came down Greasy Hill
I followed them, shrine to shrine, these immortals
mixing with mortals—planting prayer feathers
in slits dug from earthen patios: inseminating
our mother on whose breast the people dance
for strength, vitality
      & to keep the seasons going in harmony.

From midnight on, I watched the men
busy with ritual—weaving together stories
of creation, emergence & the moves from world to world.
But the women, knowing well the process of creation,
went about other things in the world:
      baking bread, bringing mutton stew to dancers
      tending the hearth fires into dawn

Algunas Razones por los Dioses

John Brandi

Esta tarde antes de las ceremonias
unos cuantos de nosotros caminamos a una cueva de piedra arenisca, en el alto
de la fachada de un barranco cerca de la vía corta a Gallup,
Yo anticipaba alfarería, huesos viejos
o abalorios. Pero solamente encontramos graffiti tallado
en el borde rosado superior de la cueva.
 Decía: "Charles Me Hizo El Amor"

Después, me di cuenta que el graffiti
me habló profundamente de qué existe en la naturaleza a toda cuenta:
cueva unida al cielo, la oscuridad de la tierra madre
abierta a la luz del padre sol
que la impregna con el poder de crecimiento.
Debido que a alguien se le había hecho el amor
en esa apertura húmeda & regresó para marcar el lugar,
el sitio—de una manera extraña—había sido santificado.

Después, en Zuni, caminé
por la parte vieja del pueblo, el sol hundiéndose
detrás de unas grandes pilas de leña de cedro—solamente observando a la gente,
oliendo olores & sintiéndome bien por este pueblo
que me ha nutrido por tantos años.

Cuando las kachinas descendieron Greasy Hill
Yo las seguí, de altar a altar, estos inmortales
mezclándose con mortales—plantando ofrendas de palos emplumados
en hoyos excavados de patios de tierra: enseminando
a nuestra madre sobre cuyo pecho la gente baila
para coger fuerza, vitalidad
 & para asegurar que las estaciones del año sigan moviéndose en harmonía.

A partir de la media noche, yo observé a los hombres
ocupados con su ritual—entretejiendo las historias
de la creación, de la emergencia & de los cambios de mundo a mundo.
Pero las mujeres, íntimas con el proceso de creación,
proseguían con otros asuntos en el mundo:
 horneando pan, llevándoles caldo de borrega a los danzantes
 atendiendo los fuegos de la hoguera hasta el amanecer

—everybody just a passing shadow
as Orion reached sky's top; everywhere smoking ovens
spraying fire over the village—womb-shaped ovens
          into which the ladies inserted bread
               on long wooden paddles, later removing
          baby-shaped loaves, carrying them into ceremonial
               houses, to be blessed
                              broken, & shared.

In my mind, I returned
a half million years, to when fire was first enclosed
by humans—circled with stone, & kept in one spot.
In my body, I was the dark phantom of a crow
flapping from house to house
to hear the singing of songs before painted altars
set with feathered wands, crystal
& foxes & fawns.

And I asked myself:
          "Why is it these gods come?"
In my heart I knew they came
to remind me that there was a World Before
where we danced with the gods, but now our task
is to dance with mortals.
And no matter how hard it is to remember that dance
done before, we must try. To forget it
would be to remain on earth forever. To remember the steps
is to move through life with grace, intuition,
courage. And to enter again the doors
                    to immortality.

It is this way at Zuni.
You step into the wings of a crow.
You fly through light years of stars.
You realize that to meet   is to begin to part.
To plant feathers is to keep alive
the thought of heaven on earth.
And to make love high on a cliff face in a cave
          is to bring back
                    the beginning of time.

—cada quien solamente una sombra pasajera
mientras Orión alcanzaba la cima del cielo; por todas partes hornos humeantes
derramando fuego sobre el pueblo—hornos en forma de vientre
en los cuales las mujeres introducían pan
en palas largas de palo, después sacando
panes en forma de bebés, llevándolas a casas ceremoniales
para ser bendecidas
                                    revanadas, & compartidas.

En mi mente, regresé
medio millón de años, al momento cuando el fuego por primera vez fué encerrado
por los humanos—encerrado por piedras, limitado a un solo lugar.
En mi cuerpo, yo era el fantasma negro de un cuervo
aleteando de casa en casa
para escuchar el canto de canciones ante altares pintados
encrustados de varas enplumadas, cristal
& zorras & ciervos.

Y me pregunté:
          "¿Porqué es que estos dioses acuden ?"
En mi corazón, yo sabía que venían
para recordarme de que hubo un Mundo Antes
donde bailábamos con los dioses, pero ahora, nuestra tarea
es de bailar con mortales.
Y no obstante lo difícil de recordar ese baile
que se bailaba antes, tenemos que tratar. Olvidarlo
sería quedarnos en la tierra para siempre. Recordar los pasos
es moverse por la vida con gracia, intuición,
valor. Y entrar nuevamente por las puertas
                                    a la inmortalidad.

Es así en Zuni.
Pisas dentro de las alas de un cuervo.
Vuelas por años-luz de estrellas.
Reconoces que encontrarse   es empezar a separarse.
Plantar plumas es mantener vivo
el pensamiento del cielo en la tierra.
Y hacer el amor en lo alto de la fachada de un barranco en una cueva
          es traer de vuelta
                    el principio del tiempo.

A Place in the Rocks I Won't Give Directions To

John Brandi

Along a curve on the river under Black Mesa
there's an ancient camp I know
where sometimes I go to be alone with the rocks.
Everywhere on glazed boulders Humped-back Fluteplayers
do their primordial dance of awe, reproduction
& erotic play—giving momentum
to the forward & backward turning of the Universe.

There are sun-headed women giving birth
to moons & planets. A fat cosmic man
inside the circle of his belly all the mountains
& heavenly bodies & lines of direction
that intersect plant, animal & human life to re-connect
our origins. There are snakes, lightning, water ripples
& arrowshafts pecked into monoliths, tumbled
into gullies. Rocks that speak, handprints reaching
for clouds, animals standing up on two feet
to play musical instruments, or snapping feathered arrows
into spiral wombs of dancing women & wild birds
about to fly.

Over the ridge from these outcrops
is a flat space of sage & grass where I've thought
to make love to a woman. I'd go there by the full moon
when the black roots turn white, & put my lips
to her birthing place—that *sipapu* of flesh
where spirits enter & exit as mortals.
I'd speak a word there, in the middle of night
&—like those seedpods pecked into the stones
that explode, divide & rejoin—I'd let my seed pass
as phosphorescent letters into her lips, to be swallowed
into the heart & carried into the flesh.

In such a way I would keep the world turning.

There will be time for this, I know.
That cosmic man, those primordial effigies, the dancing
women, deer & birds—shall all look on in celebration.
God will open his eye again, & the spirals & hexagrams
that represent the ancient people, now gone
shall represent me & my lover, too.

Un Sitio en las Piedras a Donde No Doy Direcciones

John Brandi

A lo largo de una curva en el río debajo de Black Mesa
hay un campamento antiguo que conozco
adonde a veces voy para estar solo con las rocas.
Por doquiera en las peñas esmaltadas Tocadores de Flauta Corcovados
llevan a cabo su danza primordial de pavor, reproducción
& juego erótico—dándole ímpetu
al giro hacia delante y hacia atrás del Universo.

Hay mujeres con cabeza de sol
dándole luz a lunas & planetas. Un hombre gordo cósmico
dentro del círculo de su barriga todas las montañas
& cuerpos celestiales & lineas de dirección
que interseccionan con plantas, animales & vida humana para reconectar
nuestros orígines. Hay serpientes, relámpagos, olas de agua
& flechas grabadas en los monolitos que han rodado
a los arroyos. Rocas que hablan, impresiones de manos que se estiran hacia
las nubes, animales que se paran en dos pies
para tocar instrumentos musicales, o quebrando flechas enplumadas
en espirales de vientres de mujeres bailando & aves silvestres
a punto de volar.

Al otro lado de la cresta de estas proyecciones
hay un sitio plano de chamisa & pasto donde pensé
hacerle el amor a una mujer. Iría allí durante la luna llena
cuando las piedras negras se vuelven blancas, & colocaría mis labios
en el lugar donde ella da a luz—ese sipapu de carne
donde espíritus entran y salen en forma de mortales.
Hablaría una palabra allí, a media noche
&—como esos pericarpios de semilla grabados en las piedras
que explotan, dividen & rejuntan—dejaría pasar mi semilla
como letras fosforecentes dentro de sus labios, para ser tragados
por el corazón & llevados dentro de la carne.

De tal manera mantendría al mundo girando.

Habrá tiempo para esto, yo lo sé.
Ese hombre cósmico, esas efigies primordiales, las mujeres bailando,
venados & pajaros—observarán en celebración.
Dios abrirá su ojo otra vez, & los espirales & hexagramos
que representan a la gente antigua, desvanecidos ahora
me representarán a mí y a mi amante, también.

If They Ask

John Brandi

Tell them I'm gone for a week
up to Three Turkey Ruin
past where the pavement ends
along Yellow Jacket Creek

Tell them I'm sitting in the shade
on the road toward Ismay
eating white strawberries, under
a Four Corner moon

And that I took no maps
        —nothing to find my way.

Let them wonder
because I'm gone, receiving
news from nowhere
asking questions in the hills
   talking to lizards
     with my cap on backwards

I urge you: Don't follow
             Don't ask why

I might be in a bar
at Mexican Hat, or retracing
my footprints
in another dry gulch

Keep this journey quiet:
  like the wing of a dove
    against tan-gray stone

Like that time we made love
by Sleeping Ute Mountain
  scooping sandpits for our bodies
    along the banks
        of the San Juan.

Si Preguntan

John Brandi

Diles que me he ido por una semana
al Three Turkey Ruin
más allá de donde se termina el pavimento
a lo largo de Yellow Jack Creek

Diles que estoy sentado en la sombra
en el camino hacia Ismay
comiendo fresas blancas, bajo
una luna de Four Corner

Y que no llevé ningun mapa
           —nada para hallar mi camino.

Déjalos que se pregunten
porque me he ido, aceptando
noticias de ninguna parte
haciendo preguntas en los cerros
    hablando con lagartijos
        con mi gorro al reves

Te urjo: No sigas
                 No preguntes porqué

Tal vez esté en una cantina
 en Mexican Hat, o recorriendo
las huellas de mis pies
en otro arroyo seco.

Mantén este viaje quieto:
    como la ala de una paloma
        contra la piedra parda-gris.

Como aquella vez que hicimos el amor
junto a Sleeping Ute Mountain
    cavando hoyos en la arena para nuestros cuerpos
        al borde
                del Río San Juan.

Northern New Mexico Landscape with Smoke

Paul Bufis

The raven rises from an empty tree
as pale blue smoke
into a white winter sky
darkening now.

Beneath the blackened chimney edge
piñon and cedar smolder.

Incense fills the evening air.
A church without its roof.

. . . with Blue Moon

Blue moon
appears full for the second time now
in December
just before the New Year

fresh snow on the pitched roof
next door

below,
a naked woman enters the steaming shower
behind an amber window.

. . . with Blue Jeans

blue jeans
hanging out to dry
beneath yellow leaves,

on branches of the apricot
in autumn;

October sun is strong
against the shadow stippled
cornmeal wall

blazed with red Virginia Creeper.

Paisaje del Norte de Nuevo México con Humo

Paul Bufis

El cuervo asciende de un árbol desolado
como pálido humo azul
a un blanco cielo invernal
oscureciéndose ya.

Bajo la orilla de la chimenea ennegrecida
humean leños de piñon y cedro.

Incenso llena el aire del anochecer.
Una iglesia sin su techo.

. . . con Luna Azul

Luna azul
aparece llena por la segunda vez ahora
en diciembre
un poco antes del año nuevo

nieve recién caída sobre el techo inclinado
en casa al lado

debajo,
una mujer desnuda entra a una ducha vaporosa
detrás de una ventana de ámbar

. . . con Pantalones de Mezclilla

pantalones de mezclilla
colgados para secarse
debajo de hojas amarillas,

en ramos del chabacano
en otoño;

el sol de Octubre es fuerte
contra la pared harina de maíz
dibujada por la sombra

flameada con enredadera de Virginia roja

It

Bobby Byrd

will never be easy, the
poem, goddamn, like
changing dollars for pesos,
the Florida Restaurant,
Juarez, Chihuahua, Mexico

> a steak tampiqueña
> a Combination Plate
> three Dos Equis
> one martini

simple mathematics, but then
there's the walk back home
back across the El Paso Street Bridge,
the hot street—teenagers suck
at beer, the long sour note of
an electric guitar rings in
the world of make-believe
where three young boys try to steal
the gold plated watch of a drunk
who is waddling back to the U.S. of A.;
a shawl-wrapped Tarahumara Indian woman
begs for money pointing at the puffy
round face of her little girl

> ("Por favor, Señor")

and a little boy, maybe eight years old,
sleeps on the exact top of the bridge
where

> 30 years ago William Carlos Williams

studied another human being slouched
on the International Border
> and
> therefore,

Nunca

Bobby Byrd

nunca será fácil, el
poema, por Dios, como
cambiando dólares por pesos,
el Restaurante Florida,
Juarez, Chihuahua, México,

> un bistec tampiqueño
> un Plato Combinado
> tres Dos Equis
> un martini

matemática sencilla, pero luego
está el viaje de regreso a la casa
cruzando otra vez el Puente de El Paso Street,
la calle caliente— jóvenes chupan
a la cerveza, la nota larga agria de
una guitarra eléctrica suena
en el mundo de fantasía
donde tres muchachitos tratan de robarse
el reloj dorado de un borracho
que esta tambaleándose camino al U.S.A.;
una mujer indígena Tarahumara envuelta en un rebozo
pide dinero apuntando a la cara
redonda e hinchada de su niña

> ("Por Favor, Señor")

y un niño, posiblemente de ocho años de edad,
duerme en la mera cima del puente
donde

> hace 30 años William Carlos Williams

estudió a otro ser humano caído
en la Frontera Internacional,
> y
> por lo tanto,

denied all allegiance to either country,
entering the poem, a free citizen.
I let the little boy enter my poem,
you see, and,
like his ancestor before him, he does not move,
death-like, stoned on something.

Glue.

Spray paint.

Anything to cut the edge of his sorrow.
He would fight a war if you gave him a gun.
Death would be a song about a beautiful lady.
She wears red satin. She has long fingernails.
Sometimes she is a gringa, sometimes she is not.
He sings a lovely song to her, cradling his gun,
tasting the oily gunpowder that clings to the steel.
His friend would play a guitar.
He cannot remember where he met his friend,
somewhere on their long journey to this river.
Tomorrow she will kiss them both.
They will die in the war nobody has dreamed of yet.
But now they are huddled up together on the bank,
the moon just coming over the mountains,
and there is nothing to eat.

negándole lealtad a ambos países,
entrando al poema, un ciudadano libre,
Yo dejé al niño entrar en mi poema,
te das cuenta, y,
como su antepasado antes de él, no se mueve,
como si estuviera muerto, narcotizado con algo.

Pegamento.
Pintura para rociar.

Cualquier cosa para mitigar la orilla de su dolor.
Pelearía en una guerra si se le diera un rifle.
La muerte sería una canción sobre una linda mujer.
Viste de razo rojo. Tiene uñas largas.
A veces es una gringa, a veces no.
El le canta una bella canción, acunando su pistola,
probando la polvora grasosa que se pega al hierro.
Su amigo tocaría la guitarra.
El no se acuerda donde encontró a su amigo,
en algún lugar en el largo viaje a este río.
Mañana ella los besará a los dos.
Morirán en la guerra que a nadie se le ha ocurrido aún.
Pero ahora se encuentran acurrucados en la ribera,
la luna asomándose por entre las montañas,
y no hay nada que comer.

Evening Walk

Ioanna Carlsen

So much greenery huddles so varied
at the edge of the road
it's hard to pay attention
to the distances beyond.

You walk to the first curve—
the place where another curve
obscures the hill lapping up
the secrets of its many animals—

then return downhill.
The dog's white tail
punctuates the quiet
like a bell ringing *now, now*
inside your life. The house

stands up, coins jangling
in its pockets—
a child drawing at a red table,
Parrot tulips, a bowl of lemons,
caught in a temporary light.

You're a thing in from outside,
scavenging, ravenous, a mouth
gleaming with appetite,
all teeth and eyes,
and a tongue

with a taste for tulip leaves
and children, life and sinuous lines,
you're thirsty as a pen
for an image,

you want everything
fresh as rain on a window,
and you want it
drop by singular drop.

Caminata por la Tarde

Ioanna Carlsen

Tanto verdor se reúne tan variado
a la orilla del camino
es difícil poner atención
a las distancias de más allá.

Caminas a la primera curva—
el lugar donde otra curva
tapa el cerro que lame
los secretos de sus muchos animales—

y luego regresas cuesta abajo.
La cola blanca del perro
acentúa el silencio
como una campana que suena *ahora, ahora*
dentro de tu vida. La casa

se pone de pie, monedas sonando
en sus bolsillos—
un niño dibujando en una mesa roja,
Tulipanes pericos, un plato de limones,
atrapados en una luz temporaria.

Eres algo que ha entrado de afuera,
rebuscando, hambriento, con una boca
luciendo con apetito.
todo es dientes y ojos
y una lengua

con un apetito para hojas de tulipanes
y niños, vida y líneas sinuosas
tienes la misma sed que tiene una pluma
para una imágen,

quieres todo
fresco como la lluvia sobre una ventana,
y lo quieres
gota tras gota singular.

Windows

Jaime Chavez   *(Translated into English by Consuelo Luz)*

I open windows
of the heart
to the survivors
of this journey,
harvesting dreams
in the breath
of an old man
telling stories
about this land,
forged in the flora
of truth,
where santos emerge
smelling of pine
and distant rains
and pueblos carved
in the bone of sunlight.
The passing years
nurture the spirit
in shadow, ageless.
New visions
born in pain and song
unravel each thread
of light within me.

It is the Day of the Innocent!

I walk cloaked in herbs
drinking from the waters
giving unto the earth;
each season fills
the tracks of this journey
claiming life
among simple things
starved in the hope
and promise
hidden in the land.

Ventanas

Jaime Chavez

Abro ventanas
del corazón
a los sobrevivientes
de esta jornada,
cosechando sueños
en el aliento
de un anciano
contando cuentos
de esta tierra
forjados en la flora
de la verdad,
donde santos emergen
oliendo a pino
y lluvias distantes
y pueblos labrados
en el hueso de la luz del sol.
Los años que pasan
nutren el espiritu
en sombra, sin edad.
Nuevas visiones
nacidas en dolor y canto
desenredan cada hiebra
de luz dentro de mí.

Es el Día del Inocente!

Camino encapotado en hierbas
bebiendo de las aguas
dando a la tierra;
cada estación llena
las huellas de esta jornada
reclamando vida
entre las cosas simples
hambriento con la esperanza
y promesa
escondida en la tierra.

The Kites and the Petroglyphs

Peggy Pond Church

A medley of children
and a melody of kites
on this February afternoon.
The air
a hemisphere of blue light,
radiant light;
the kites streamed in it
like tadpoles in a millpond,
slender and serpentine,
colored rose red,
colored purple;
one butterfly fluttering;
one with a little tail that twinkled
like a caught star dipped in silver.

It seemed like an odd place to fly kites—
thirty miles more or less from anywhere
at the tip of a blunt-finned ridge of lava
cutting the cliff-rimmed plain in two.
We had to crawl through
a tight-strung barbwire fence to get there,
meant to keep cattle in and intruders out.
We knew we were trespassing but
the place had been ceremonial
long before cattle and fences.
Ancient holy creatures were glyphed into the smooth rock,
Sky Beings had been invoked with power here.

Had our timing been right by chance
or had we perhaps been summoned
by spirits tired of long-sleeping
to hold our feast here,
a little festival of stringed kites
that looped and spun in the bright air?

Los Papalotes y Los Petroglíficos

Peggy Pond Church

Una miscelánea de niños
y una melodía de papalotes
esta tarde de febrero.
El aire
un hemisferio de luz azul
luz radiante;
los papalotes fluyeron en ella
como renacuajos en un estanque de molino,
delgados y serpentinos,
coloreados de un rojo rosa,
coloreados de un morado;
una mariposa aleteando;
una con una colita que centelleaba
como una estrella presa bañada en plata.

Parecía un lugar extraño para volar papalotes—
a unas trienta millas más o menos de cualquier lugar
en la punta de un caballete de lava con sus aletas despuntadas
que partía el llano rodeado de barrancos en dos.
Para llegar allí tuvimos que arrastrarnos por entre
un cerco de alambre de pua tirante,
que tenía el propósito de encerrar a las vacas y repelar a los intrusos.
Sabíamos que estábamos traspasando pero
el lugar había sido ceremonial
mucho antes que las vacas y los cercos.
Criaturas sagradas y antiguas habían sido grabadas en la piedra lisa,
Seres del Cielo habían sido invocados con poder aquí.

¿Nuestro cálculo de tiempo habrá sido correcto por casualidad
o fué que habíamos sido llamados
por los espíritus ya cansados de su largo sueño
para llevar a cabo nuestra fiesta aquí,
un festival pequeño de papalotes enhebrados
que se dieron vueltas y giraron en el sol brillante?

Among their stars and serpents
we sent our own;
we became children with our children
for the space of an afternoon,
fulfilled, filled full of light.
The ancient Beings seemed to laugh with us.
Old Kokopelli
hunched on his sun-warmed rock
lifted his fertile flute and smiled too.

Entre sus estrellas y serpientes
nosotros enviamos las nuestras;
nos convertimos en niños con nuestros niños
por el trecho de una tarde,
plenos, llenos plenamente de luz.
Los Seres antiguos parecieron reirse con nosotros.
El Kokopelli Viejo
corcovado en su piedra calentada por el sol
alzó su flauta fértil y sonrió también.

Jornada Del Muerto

Jane Candia Coleman

All your life you have moved
toward this solitude, toward the heart
of desert country.

Red and roaring,
rocks rear around you,
while you curve your body
cup the steady fire
move through the forge
of heat and sand.

You gather yourself,
taut as a bow,
and face the wind.
After years of choices
you hear what the dazzle tells you
and the teeth of mountains grinding down . . .

that endurance is the only necessary thing.

A Found Poem
(Told by a guide at Acoma Pueblo, 1983)

This is the church of Saint Esteban,
our patron.
It was built by the Spaniards
when they came
and forced their religion on us.

The twin bells in the towers
came from Mexico.
We paid for them—
two boys and two girls.

Jornada Del Muerto

Jane Candia Coleman

Toda tu vida te has movido
hacia esta soledad, hacia el corazón
del país desértico.

Rojas y rugiendo,
las rocas se alzan a tu alrededor,
mientras encorvas tu cuerpo
contienes el fuego constante
te mueves por entre la fragua
de calor y arena.

Te recoges,
tirante como un arco,
y te enfrentas al viento.
Después de años de escoger
oyes lo que te dice el deslumbramiento
y los dientes de las montañas moliendo . . .

que ese aguante es lo único necesario.

Un Poema Encontrado
(Contado por un guía en el Pueblo de Acoma, 1983)

Esta es la Iglesia de San Esteban,
nuestro patrón.
Fue construída por los españoles
cuando vinieron
y forzaron su religión en nosotros.

Las campanas dobles en las torres
vinieron de México.
Nosotros pagamos por ellas—
dos muchachos y dos muchachas.

Today most young people
are going back to the old ways.
We learn the old language
from our grandfathers
who are our dictionaries.

Sometimes in the evening
when the houses are hot,
we sit on the edge of the mesa
and look out over our land.

The little children say
'Why do you sit there?'
'What do you see?'
We tell them we are watching the sunset.

Some things cannot be spoken.

Belle Starr Addresses the Sewing Circle
(*Indian Territory, 1883*)

Jane Candia Coleman

Damn property! I've got life in me
and love, too. I wasn't made for parlors,
teas, fancy talk with ladies.
Give me a man any time. Give me a horse,
a good bay with a heart and bottom
and nothing in front of us.

You want to know the truth?
The land's in me, too; the time it takes
to get from mountains to the river; the figuring how.
And the colors. No fancy-house pinks and whites;
earth's colors and how the sky fires up to meet them
like bodies come together.

Yeah, I wear my plumes, my velvet skirts, a petticoat
to hide my legs, but I know what they're for.
Walking. Wrapping round a horse. A man
whenever one comes who's big enough to know
I can't be tied, stepped on, used for planting
like the ground and left.

Hoy día la mayoría de los jóvenes
están regresando a los modos antiguos.
Aprendemos la lengua antigua
de nuestros abuelos
quienes son nuestros diccionarios.

A veces en el anochecer
cuando están calientes las casas,
nos sentamos a la orilla de la mesa
y miramos a lo largo de nuestras tierras.

Los niños pequeños dicen,
"¿Porqué se sientan allí?"
"¿Qué es lo que ven?"
Les decimos que estamos mirando la puesta del sol.

Algunos cosas no se pueden hablar.

Belle Starr se Dirige al Club de Coser de Mujeres
(Territorio Indio, 1883)

Jane Candia Coleman

¡Al diablo con las convenciones! Tengo vida dentro de mí
y amor también. A mí no me hicieron para los salones,
tés, conversación fina con las damas.
Dénme un hombre a cualquier hora. Dénme un caballo,
un buen bayo con corazón y fondo
y nada delante de nosotros.

¿Quieren saber la verdad?
La tierra está dentro de mí también; el tiempo que toma
ir del monte al río; el figurar como hacerlo.
Y los colores. No los rosados y blancos de las casas finas;
los colores de la tierra y como el cielo se incendia para encontrarse con ellos
como cuerpos uniéndose.

Sí, yo me pongo mis plumas, mis faldas de terciopelo, enaguas
para esconder mis piernas, pero yo sé para que son.
Caminar. Envolver a un caballo. Un hombre
cuando viene uno suficientemente grande para saber
que a mí no me pueden amarrar, pisar, usar para plantar
como el suelo y dejar.

You want to know what a woman's for?
Course not. Better condemn me without hearing.
But I'll tell you anyhow.
A woman's for going on with.
For laughter.
For holding when a man can't hold no more,
maybe don't want to.
For slaking thirst like water from a deep well.

Jest like a man, a woman's got courage
and dreams in her. And hunger too,
that can't be bought. Jest like a man
I set my sights as far as I can see
and ride for it, proud of my dust.

What's that? Die a proper death? Forgiveness?
For what, ma'am? And what's proper?
Hell, you go on stitching them roses,
them pretty words you hang on the wall.
Keep your knees tight together like your mouth,
and I'll go find forgiveness, all I want,
by holding out my arms. We'll see who dies happiest
or best. Regrets kill quicker than disease, ma'am,
and boredom's next. You remember that.
I ain't got time.

Desert Flowers

Jane Candia Coleman

Archie's Victrola stands by his back door.
He opens the lid, attaches the trumpet
like a pale morning glory,
winds the springs up tight.

He likes the old songs: The Cowboy Waltz,
Red River Valley, a piano piece called
Balkan Fantasy, although he says
he don't know much about piano music.

¿Quieren saber para qué sirve una mujer?
Claro que no. Mejor condenarme sin escuchar.
Pero les diré de todos modos.
Una mujer es para el "¡Ándele!"
Para la risa.
Para abrazar cuando un hombre ya no puede,
quizás no quiere.
Para aplacar la sed como agua de un pozo profundo.

Así como un hombre, una mujer tiene valor
y sueños dentro de ella. Y hambre también,
que no se puede comprar. Así como un hombre
yo pongo mi mirada hasta el horizonte
y allá me voy galopando, orgullosa de mi polvo.

¿Qué es eso? ¿Morir una muerte apropiada? ¿El perdón?
¿Para qué, señora? ¿Y qué es apropiado?
Qué demonio, ustedes sigan bordando esas rosas,
esas palabras bonitas que cuelgan en las paredes.
Mantengan sus rodillas apretadas juntas como sus bocas
y yo iré a buscar el perdón, todo lo que quiero,
ofreciendo mis brazos. Ya veremos quién se muere más contenta
o mejor. Los arrepentimientos matan mas rápido que la enfermedad,
señora, y después la aburrición. Recuerden eso.
Yo no tengo tiempo.

Flores del Desierto

Jane Candia Coleman

La vitrola de Archie está parada al lado de su puerta de atrás.
El abre la tapa, le junta la trompeta
como un pálido dondiego de día,
le da cuerda a los resortes hasta que quedan apretados.

Le gusta las canciones viejas: El Valse del Vaquero,
El Valle del Río Rojo, una pieza para piano llamada
Fantasía Balcánica, aunque él dice,
que no sabe mucho de la música de piano.

"But the fella sure plays fast."
He folds his hands, settles back
in a kitchen chair, nodding time.
"My Ma liked this piece, too."

Sometimes when she was alone, she sang,
or danced doing the housework.
Her photograph hangs over the couch.
It shows her upright, lean,

shaped by desert light into a woman
who didn't smile easily, who folded her arms.
across her breasts, shielding softness,
who stood firm in the dust
and stilled her dancing skirts.

Newlyweds

Jane Candia Coleman

They say when Archie was married
he brought his bride to this rough hill
and pitched a tent. He gave her dishes,
pots and pans to use on the open fire,
a pedal sewing machine. Then he went off,
riding fence.

And she, who from her canvas door
could see a hundred miles or more
across the flat to mountains—
the hump-backed Mules, the Dragoons
piled up like gold—she nagged for a house
with real doors, a porch to rock on
when the wind came up, evenings,
a cook stove like Edith's.
Swept floors, beds with coverlets,
clean windows showed a woman's status,
and she had a right to that.

As for the land, red rocks and sweet-blooming
mesquite, bony hills softened by juniper,
those were a man's things, and good riddance.
Outside, a woman felt exposed, indecent somehow,
with nothing to sweep but a mountain
and no need to polish the sky.

"Pero el tipo sí que toca rápido."
El dobla sus manos, se recuesta para atrás
en una silla de cocina, cabeceando al ritmo.
"A mi Ma también le gustaba esta pieza."

A veces cuando estaba sola, ella cantaba,
o bailaba haciendo los quehaceres.
Su fotografía cuelga sobre el sofá.
La muestra recta, delgada,

formada por la luz del desierto a una mujer
quien no sonreía fácilmente, quien doblaba sus brazos
a través de sus pechos, protegiendo a la suavidad,
quien se paraba firme en el polvo
y callaba sus faldas danzantes.

Recién Casados

Jane Candia Coleman

Dicen que cuando Archie se casó
trajo a su novia a esta colina borrascosa
y armó una tienda de campaña. Le dió vajilla,
ollas y sartenes para usar en el fuego abierto,
una máquina de coser a pedal. Entonces, se fué
a caballo a revisar las cercas.

Y ella, quien de su puerta de loña
podía ver cien millas o más
a través del plano a las montañas—
las Mulas jorobadas, los Dragones
amontonados como el oro—ella molestaba por una casa
con puertas de verdad, un porche para mecerse
cuando subía el viento, anocheceres,
una estufa de cocina como la de Edith.
Suelos barridos, camas con cubrecamas,
ventanas limpias mostraban la categoría social de una mujer,
y ella tenía derecho a eso.

Lo que es la tierra, rocas rojas y el mesquite
dulce al florear, colinas huesudas suavizadas por el cedro,
esas eran cosas de hombre, y que se las lleve.
Afuera, una mujer se sentía expuesta, hasta indecente,
con nada que barrer excepto el monte
y sin necesidad de lustrar el cielo.

Sunflowers at Gran Quivera

Sheila Cowing

After thirty years of corporate finance,
he wakes retired, sells the farm he hates
and most of his father's tools, packs wife, a Ryder truck,
trails sunflowers—striped visionaries, never risk-averse—
west on highways aimed down old wagon ruts.
Under a sky charry as the worn quartz
a boy used to rub in his pocket,
he tests a ruined pueblo's foot-thick walls
that remind him of a bank vault—
how one may imagine horizon, miss the juxtaposed;
here conquistadors ordered naked braves to their knees,
those on the roof lobbed rocks, but where were squaws
and children? Must women always rage
in secret, slithering through alleys to poison pack beasts?
No wonder empires climbed no farther
than crosses and parapets slapped with mud!
Now over Gran Quivera, once dreamed so rich peasants could dine,
his wife clicks open a green-striped beach umbrella;
when gust demands his grip, he cannot remember for a moment
whose is the other fist raised at a bellowing cloud
and hundreds of gold, blowing petals.

Girasoles en Gran Quivera

Sheila Cowing

Después de treinta anos de corporaciones financieras,

se despierta jubilado, vende la finca que odia

y la mayoría de las herramientas de su padre, empaca esposa, un camión Ryder,

sigue los girasoles—visionarios rayados, nunca opuestos al riesgo hacia el

oeste en carreteras siguiendo el camino de viejos surcos de carretas.

Debajo del cielo carbonizado como el cuarzo desgastado

que un muchacho solía frotar dentro de su bolsillo,

él prueba las paredes de un pueblo un pie de gruesas

que le hacen recordar una cámara acorazada de un banco—

cómo uno puede imaginar el horizonte, escapársele lo yuxtapuesto;

aquí conquistadores forzaron guerreros desnudos a sus rodillas,

los que estaban en el techo lanzaron rocas, pero ¿dónde estaban Indias

y niños? ¿Deben las mujeres siempre rabiar

en secreto, deslizándose por callejones para envenenar a bestias de cargo?

¡No es de asombrarse que imperios no alcanzaron más que

cruces y parapetos cubiertos de barro!

Ahora encima de Gran Quivera, una vez soñado para que campesinos ricos

    pudieran cenar,

su esposa abre un parasol de playa con rayas verdes;

cuando ráfaga demanda su asimiento, él no puede recordar por un momento

de quién es el otro puño levantado a nube bramante

y cientos de pétalos dorados volando.

Pajarito

Craig Denton

Perched on the mesa edge
viewing canyons arroyos
the Sangre de Cristos in the east
Jemez Mountains to the west
it is good to be a little bird
even now with the noise
from the traffic on route four
infringing a sense of the current
to what is linear about time

Before linear and traffic
before horse or Europeans marching
before wheel or tools made from metal
the tuff cliffs here were carved out
by people using hard basalt
to make caves and shape the blocks
for building their village
between two canyons where soil is thin
and water comes only from the sky

Perhaps back when Los Alamos wasn't
around and drinking thirstily
there was a little water that came
this way searching for what would
be called the Rio Grande
still the earth could only support
a few generations growing crops
and harvesting the slow to grow
pygmy forests and plants
for medicine dyes and spices

Unique was the eye that looked here
and could see food growing
down on these canyon floors
what kind of farmer

Pajarito

Craig Denton

Posado en la orilla de la meseta
mirando cañones arroyos
la Sierra Sangre de Cristo al Este
las Montañas Jémez al Oeste
es bueno ser un pequeño pajarito
aún ahora con el ruido
del tráfico de la ruta cuatro
violando un sentido de la corriente
a lo que es el curso lineal del tiempo.

Antes de lo lineal y del tráfico
antes de los caballos o los Europeos marchando
antes de la rueda o los instrumentos hechos de metal
los peñascos de cenizas volcánicas fueron cavados
por la gente aquí usando basalto duro
para hacer cuevas y formar bloques
para construir sus pueblos
entre dos barrancos donde el suelo no fuera denso
y el agua viniera solo de los cielos.

Quizás entonces cuando la ciudad de Los Alamos no
existiá bebiendo sedienta
había un poco de agua que venía
por aquí buscando lo que
se llamaría el Río Grande.
aún así la tierra tan solo podía
sostener pocas generaciones de cosechando
y la colectando, para tintas medicinales y especias,
de los bosques pigmeos y plantas
que crecen lentamente.

Extraordinario era el ojo que aquí
fijaba su mirada y podía ver comida creciendo
abajo en los suelos de estas barrancas
qué clase de agricultor

takes up land where water
is reluctant to be a partner
where the soft slow melt after
a winter's snow is separated
from flashing storms in mid summer
by months of drying sun and wind
then more months before
the cycle comes back to short days
and the soft snow returns
whispering green for the spring.

toma la tierra donde el agua
se opone a ser compañera
donde el derrite suave y lento después de
una tormenta de nieve se separa
de las tempestades repentinas en pleno verano
por meses de sol y viento secadores
y después más meses antes de que
el ciclo vuelva a acortar los días
y la suave nieve regresa
susurrando verde por la primavera.

We Do Not Own

Victor di Suvero

You don't own the four directions child,
They own you. The mountains own you.
The meadows by the river, fringed and tasselled
By the cottonwoods, own you. The bluffs
In the barrancas you see when you look north,
Own you. Even the arroyo owns you.
You, child, are theirs. You belong to them.

Someone, somewhere that first day of fences
Said "mine" and said "for my children,"
And then it grew and grew and counties
Became states and became nations
And Cain and Abel's story kept on being
Taught because it made us righteous
In the land—that's really where it all
Came from, first slings and bows and arrows
And then the guns—until we broke up
The atom to make sure no one else could
Or would find a way to breach our walls
And still we forget we do not own a thing.

Child, the deer knows the way, so does Coyote.
They know where the seasons take them;
They know where the wind comes from
And where it goes. Even Raven plays
Those currents in the air we cannot see.

And yet each one of them knows home—
The matted corner in the meadow, the den
Scooped out of sandstone cliff, the dark
Nests in the arms of trees all say
This is the place of rest for them.

Taste all the distances you need, explore
The gorges, discover roadways made of dreams,
But be ready when the time comes, to say
This is the place in which to rest
The place to be, knowing you will not
Ever own it if you count on staying free.

No Somos los Dueños

Victor di Suvero

Tú no eres el dueño de las cuatro direcciones niño,
Tú les perteneces. Le perteneces a las montañas.
Los campos al lado del río, bordeados y adornados con borlas
De álamos, son tu dueño. Los riscos
En las barrancas que tú ves cuando miras al norte,
Son tu dueño. Y hasta el arroyo te posee.
Tú, niño, eres de ellos. Tú les perteneces.

Alguien, en algún lugar en ese primer día de cercos
Dijo "mío" y dijo "por mis hijos,"
Y luego creció y creció y los países
Se hicieron estados y se convirtieron en naciones
Y la historia de Caín y Abel se fué
Enseñando para hacernos sentir justos
En la tierra—así fué como realmente todo
Empezó, primero las resorteras y el arco y la flecha
Y después las armas—hasta que quebrantamos
El átomo para asegurarnos de que nadie más pudiera
Encontrar la forma de romper nuestras murallas
Y aún así continuamos olvidándonos que no poseemos nada.

Niño, el venado sabe el camino, y también el coyote.
Ellos saben a donde los llevan las estaciones;
Ellos saben de donde viene el viento
Y a donde va. Y hasta Cuervo juega
Con esas corrientes en el aire que nosotros no podemos ver.

Y aún así cada uno de ellos sabe su hogar—
El rincón enmarañado en la pradera, la madriguera
Excavada del peñasco arenizo, los oscuros
Nidos en los brazos de los árboles todos dicen
Este es el lugar de descanso para ellos.

Prueba todas las distancias que necesites, explora
Los desfiladeros, descubre los caminos hechos de sueños,
Pero estéte listo cuando el tiempo llegue para decir
Este es el lugar en el cual se descansa
El lugar para ser, sabiendo que tú nunca lo
Poseerás si cuentas con quedarte libre.

What is Your Name?

Victor di Suvero

Who are you,
Saint of the near miss, the close call?
Turning the car's wheel,
Deflecting the knife's point
So that we walk out of the hospital
The next day greeting the sun
Gracefully?

What are you, guardian angel
Kachina, invisible spirit and friend,
You—the one who makes the judge
Hear our side of the case, who
Drops the name from the list,
Wakes the lookout on time
And makes one miss the train
That connected with the plane that goes down?

I build you this poem at dawn
Gratefully listening to the squawking of jays,
To the sound of water falling
And to the intermittent silence
Wondering how it is that so few
Know you, acknowledge you, praise you,
Saint of the near miss, the close call.

¿Cuál esTu Nombre?

Victor di Suvero

¿Quién eres tú,
Santo del casi y del por poco?
¿Dándole vuelta a la rueda del carro,
Desviando la punta del cuchillo
Para que salgamos del hospital
El siguiente día a saludar al sol
Llenos de gracia?

¿Qué eres tú, un Angel de la Guarda,
Kachina, un espíritu invisible y amigo,
Tú—él que hace que el juez
Escuche nuestro caso, él que
Quita el nombre de la lista,
Y despierta al centinela a la hora
y que hace que uno pierda el tren
que connectaba con el avión que se va para abajo?

Te construyo este poema al alba
Agradecido escuchando a los arrandejos graznar
Al sonido de la caída del agua
Y el silencio intermitente
Preguntándome cómo es que son tan pocos
Los que te conocen, te han visto, te han venerado,
Santo del casi y el por poco.

How Did We Come Here?

Victor di Suvero

How did we come here and to what end?
What was it that drew us here?
Was it the land calling, the piñon?
The great shaped clouds blessing the blue of the sky?
Was it the dawn's quiet or the other one,
The one that comes after the day at work, at dusk
In summer, promising rest and respite and all
The other good things we dream of when we let ourselves do so?

How did we come here? Was it the wind?
Or was it the star that moved us, all of us?
Tell me about the Anasazi, how they came here,
Out of the Earth's navel, the Sipapu, the hole
In the ground made by Coyote when Lightning
Came after him—tell me about the old ones,
The ones who came from over the edge
By starlight, riding the wind, driven
By hope as well as by terror—tell me!

How is it that we came here, to this place
Where the cottonwood grows? We brought
Our cooking pots and histories and prayers,
We brought our hopes to make a place
Where the children's children not yet
Born may come to tell each other stories
Of how it is that we came here
And why—and they may end up
Knowing more about it than we do now.

I have come to give
Thanks to the wind and star and call of land
And all that served
To bring us here.

¿Cómo Llegamos Aquí?

Victor di Suvero

¿Cómo llegamos aquí y a qué final?
¿Qué fué lo que nos atrajo aquí?
¿Acaso fué la tierra llamándonos, el piñón?
¿Acaso las grandiosas nubes bendiciendo el cielo azul?
¿Acaso fué la quietud del alba, o la otra,
¿La que llega después de un día de trabajo, en el atardecer
En el verano, prometiendo descanso y todas
Las otras cosas buenas que soñamos cuando nos permitimos hacerlo?

¿Cómo llegamos aquí? ¿Acaso fué el viento?
¿O acaso fué la estrella que nos movió, a todos nosotros?
Cuéntame de los Anasazi, cómo llegaron aquí,
Del centro de la Tierra, del Sipapu, del agujero
En el suelo hecho por Coyote cuando le cayó
Un Rayo—cuéntame de los ancianos,
Los que vinieron de la orilla
Iluminándolos una estrella, montados en el viento, empujados
Tanto por la esperanza como por el terror—dime!

¿Cómo es que venimos aquí, a este lugar
Donde crecen los álamos? Trajimos
Nuestras ollas de cocinar, historias y oraciones,
Trajimos nuestra esperanza para hacer un lugar
Donde los hijos de nuestros hijos, aún no
Nacidos puedan venir a contarse sus cuentos
De como fué que venimos aquí
Y porqué—y puede que terminen sabiendo más de esto
De lo que nosotros sabemos ahora.

Vine a dar
Gracias al viento y a la estrella y a la llamada de la tierra
Y a todo lo que sirvió
Para traernos aquí.

Crossing Little Horse Creek

Robert Edwards

1.
Say 'Rosebud,'
and some think Kane's last whisper.
Say 'Reservation,'
and some think the Best Western Motel.

A tourist, posing with a camera,
watches an Indian dancing in a parking lot,
spelling with his feet in the broken glass
the names he would reinvent from Thunderbird.

They both drive Pontiacs, die slowly from tobacco.

But one remains to beat the drum,
and the other's out by sundown,
gone blue miles into the Machine
with a gas station map on his knees,
narrowly missing the deer
standing on the highway
in the last of the old light.

Say 'Pine Ridge,'
and no one thinks of a postcard saying:
Wish You Were Here

2.
Yes, the realtors have their America,
playing Coyote with the best myth money can buy.

But who else in the ghost town Colony Belt
can stake a claim to more
   ᵒn counting coup on wooden nickels?

         ⁺ is anywhere but a far country
               ᵍg these burnt-out mobile homes

Cruzando el Arroyo del Pequeño Caballito

Robert Edwards

1.
Dí "Capullo,"
y algunos piensan del último suspiro de Kane.
Dí "Reservación"
y algunos piensan del Best Western Motel.

Un turista, posando con una cámara,
mira a un indio bailando en un parque de estacionamiento,
deletreando con sus pies sobre vidrio quebrado
los nombres que el reinventaría de Thunderbird.

Los dos manejan un Pontiac, mueren lentamente del tabaco.

Pero uno permanece para tocar el tambor,
y el otro se va a la puesta del sol,
recorre millas azules entrando en la Máquina
con un mapa de la estación de gas sobre sus rodillas,
estrechamente esquivando el venado
parado en la carretera
en lo último de la vieja luz.

Dí "Cordillera de pinos"
y nadie piensa de una postal diciendo:
Deseo que estuvieses aquí

2.
Sí, vendedores de bienes raíces tienen su América,
jugando al Coyote con el mejor mito que el dinero puede comprar.

¿Pero quién más en el pueblo abandonado de Colony Belt
puede poner un reclamo a más
que el contar las ganancias en cincos de madera?

Y si el Oeste es más que una región lejana
debe ser en medio de estas destruídas casas movibles

and junked cars, these dry angers gathered
around buffalo burgers eaten by lipstick light.

It must be
among the fences climbing the yellow hills,
among the shacks along Little Horse Creek,

bones thinning to wind. . . .

3.
I want to say
there is a greatness on us still,
that America didn't die
on the highway through the burial mound
speeding to dry Zions known only by their price,
that things are getting better—
slowly—but fast enough
to render my objections obsolete.

I want to say I know
where the antelope will drink tomorrow,
that I dreamed it in my thirst.

But I can't even find
Little Horse Creek on the map.

4.
I drive by old men, old before their time,
passing a bottle in the bed
of a pickup truck parked along the bridge,
and a kid stands on the open tailgate,
pissing a golden arc
into the dying dribble of the stream.

With his free hand he waves to me,
and with mine I wave back.

y carros de chatarra, en estos enojos secos reunidos
alrededor de las hamburgesas de búfalo comidas a la luz del lápiz labial.

Debe ser
entre las cercas que trepan las colinas amarillas,
entre las chozas a lo largo del Arroyo Little Horse,

huesos desgastándose al aire . . . .

3.
Quiero decir
todavía hay grandeza en nosotros,
esa América no murió
en la carretera a través del cerro de entierros
apresurándose a un paraíso seco conocido tan solo por su precio,
las cosas están mejorando—
lentamente—pero suficientemente rápido
para hacer obsoletas mis objeciones.

Quiero decir yo sé
donde el antílope beberá mañana,
que lo soñé en mi sed.

Pero ni siquiera encuentro
el Arroyo Little Horse en el mapa.

4.
Al pasar manejando veo hombres viejos, viejos antes de su tiempo,
pasándose la botella en la parte de atrás
de una camioneta estacionada al lado del puente,
y un chamaco se para en la compuerta
orinando un arco dorado
dentro del gotear muriente del arroyo.

Con su mano libre me dice adiós,
y con la mía le respondo.

How to Own Land

Morgan Farley

Find a spot and sit there
until the grass begins
to nose between your thighs.

Climb to the top
of a pine and drink
the wind's green breath.

Track the stream through alder and scrub,
trade speech
for that cold sweet babble.

Gather sticks and spin them into fire.
Watch the smoke spiral into darkness.
Dream that the animals find you.

They weave your hair into warm cloth,
string your teeth on necklaces,
wrap your skin soft around their feet.

Wake to the silence
of your own scattered bones.
Watch them whiten in the sun.

When they have fallen to powder
and blown away,
the land will be yours.

Living and Dying on the San Juan River

A Navajo boy had just drowned in the river.
His body had not been found.
This was the news that greeted us
at the put-in below Mexican Hat,
thirteen strangers gathering to raft a wild river.

Como Poseer la Tierra

Morgan Farley

Encuentra un lugar y siéntate allí
hasta que el pasto comienze
a olfatear entre tus piernas.

Súbete arriba
de un pino y bebe
del aliento verde del viento.

Sigue el riachuelo a través de la maleza y el aliso
cambia el habla
por ese frío y dulce balbuceo.

Junta palos y pónlos a bailar en un fuego.
Mira el humo adentrarse a la oscuridad en espiral.
Sueña que los animales te encuentran.

Ellos tejen tu cabello creando una tela tibia,
ensartan tus dientes en collares,
envuelven tu piel, suavemente alrededor de sus patas.

Despierta al silencio
de tus propios huesos dispersados.
Míralos blanquearse bajo el sol.

Cuando se hayan convertido en polvo
y sean soplados por el viento,
la tierra será tuya.

Vivir y Morir en el Río San Juan

Un muchacho Navajo se acababa de ahogar en el río.
Su cuerpo no había sido encontrado.
Estas fueron las noticias que nos recibieron
abajo de Mexican Hat
trece desconocidos juntándose para balcear el río slavaje.

We did not know his body would lead us
all the way down,
floating just below the surface,
tumbling in the rapids,
a clown, a corpse, a dear companion.

We could hear him laugh,
the way we sometimes hear the laughter
of the dead ones we have loved
drifting through our dreams.
And we were people who had loved well, and lost lavishly.

There was a man among us
who watched his only son
fall off a mountain,
the small body sheering out into space,
light and inevitable as a bird taking flight.

There was a young woman
who held her husband's hand
after his skull was crushed by a backhoe.
She knew him by the singular
curl of his fingers, the hollow of his palm.

Slowly the stories emerged, drawn out of us
by the soft insistence of the river.
Death had touched us and changed our lives.
We looked at each other and wondered
who we were now, who we would become.

The river was full and urgent as a lover,
the deep canyon dwarfed us and held us fast.
Canyon wrens sang to us,
ravens stole our food, the deadly
nightshade bloomed beside us as we slept.

Each day we lived and died a little more
as the drowned boy died and lived in our keeping.
The river held us all with an impartial, open hand
until the red slickrock of the canyon rim
sloped down toward Clayhills and we took out above the falls.

No sabíamos que su cuerpo nos llevaría
hasta abajo,
flotando un poquito debajo que la superficie,
dando volteretas en la corriente,
un payaso, un cadaver, un compañero querido.

Lo podíamos oír riéndose,
del modo que a veces escuchamos la risa
de los muertos que hemos amado
flotando por entre nuestros sueños.
Y éramos gente que habíamos amado bien, y perdido inmensamente.

Había un hombre entre nosotros
quien vió su único hijo
caerse de una montaña,
el cuerpo pequeñito desdoblándose en el espacio,
liviano e inevitable como un ave que levanta el vuelo.

Había una mujer jóven
quién detenía la mano de su marido
después que su cráneo había sido masacrado por una retro excavadora.
Ella lo reconoció por el enroscar singular
de sus dedos, y el hueco de su palma.

Lentamente las historias emergieron, saliendo
de nosotros por la sutil insistencia del río.
La muerte nos había tocado y había cambiado nuestras vidas.
Nos miramos los unos a los otros y nos preguntamos
quién éramos ahora, en quienes nos ibamos a convertir.

El río iba lleno e impaciente como un amante,
la hondura del barranco nos empequeñeció y nos sostuvo fuertemente.
Las buscaretas del barranco nos cantaron,
los cuervos nos robaron la comida,
la belladonna floreció a nuestro lado mientras dormíamos.

Cada día vivimos y morimos un poco más
como el niño ahogado murió y vivió bajo nuestro cuidado.
El río nos sostuvo a todos imparcialmente, con mano abierta
hasta que la roja roca resbalosa del filo del barranco
descendió hacia Clayhills y salimos arriba de las cascadas.

The Church at Chimayo

Thomas Fitzsimmons

sundown
water song
round

    moon

        over
        everywhere
        trees
   black

one hand is a scaffold
two hands a manger

silence will find you

sometimes the moon
           melts
slides away
and night comes tumbling in
winking & whistling
        & you ride
horses with emerald feet
manes of fine laughter
wound in your fingers

La Iglesia en Chimayó

Thomas Fitzsimmons

puesta del sol
canción de agua
luna

   redonda

      rodando
      dondequiera
      árboles
   negro

una mano es un andamio
dos manos un pesebre

el silencio te encontrará

algunas veces la luna
       se derrite
se desliza
y la noche llega tambaleándose entre
silbidos y guiños
       y tú montas
caballos con pies de esmeralda
melenas de risa fina
enredada en tus dedos

Las Truchas

Carolyn Forché

Adobe walls crack, rot in Las Truchas.
Sometimes a child in a doorway
or dog stretched on the road.
Always a quiet place.
Wooden wheelbarrows rest up against
boarded windows.
Not yet Semana Santa
when people of Truchas and Mora
will fill them with human bones
and walk with blood-stained eyes
in the mountains where Pecos water
flows among cork-barked fir
and foxtails grow dwarfed, gnarled.

Strangers who drive the high road
to Taos pass through Truchas.
They buy Cordova's rugs and weavings,
hear the wooden flute of the hermit.
Their minds drift to sleep in thin sky.
They hear stories about Penitentes,
and they crucify each other, whip themselves
at night screaming names of God.
Yet they return to Truchas to build
brick homes like wagons circling.
Ptarmigans fly in pines singing nothing.

Every year the village is more quiet.
The creak of wheels, whispers.
No, it is nothing.
But the village seems empty
while the smoke still winds
from sun-baked homes and the people
bless the snow.

Las Truchas

Carolyn Forché

Paredes de adobe se agrietan, se pudren en Las Truchas.
A veces un niño en una puerta
o un perro estirado en el camino.
Siempre un sitio quieto.
Carretillas de madera se reclinan contra
ventanas entablilladas.
Todavía no es Semana Santa
cuando la gente de Truchas y Mora
las llenarán de huesos humanos
y caminaran con ojos manchados de sangre
en las montañas donde el agua del Pecos
corre por entre pinos con corteza corchoza
y el rabo de zorra crece achicado, torcido.

Extraños que manejan por el camino alto
a Taos pasan por Truchas.
Compran alfombras y tejidos de Córdova,
oyen la flauta de madera del ermitaño.
Sus mentes, flotando, se adormecen en el cielo delgado.
Oyen cuentos de los Penitentes,
que se crucifijan el uno al otro, se azotan
por la noche gritando los nombres de Dios.
Sin embargo regresan a Truchas para construir
hogares de ladrillo como carretas poniéndose en circulo defensivo.
Perdices blancas vuelan entre los pinos cantando nada.

Cada año el pueblo es más quieto.
El rechinar de las ruedas, susurros.
No, no es nada.
Pero el pueblo se ve vacío
mientras el humo sigue subiendo
de hogares horneados por el sol y la gente
bendice la nieve.

Alfansa

Carolyn Forché

My spirit is a wafer of smoke
rising from a source snapping in silence
a sound of something old, dry, ready to be burned.

1

Alfansa strings Chimayo's chiles,
like sacred hearts, tongues of fire tied together.
Hollow, rattling chile seed, glowing from
within like wax lamps.

Chimayo's homes are blood-colored earth,
washing from streams that claw down
Sangre de Cristo.
Cottonwoods shiver dust,
from handfuls of mud, from wood beams,
men of Chimayo, Cundiyo built the mission.
People come to this Santuario,
smear themselves with mud, light candles.
Lift dry mud from the mud well to their mouths.
(It fills by itself while they sleep.)

Earth is carried off in clothes of cripples
weeping *'el posito, jesu, christu.'*
They bring baby shoes to the statue
of the Child, its shoes wear soft, thin
while the hole is filling.
Their crutches they
string on Santuario's walls.

2

She was born Chimayo, deer
cried below highmilk.
As a child her father roamed San Mateo.
She, color of clays, worked quietly.

In the mud house, Jorge, Pasha, she
washed flies from their faces, wrung wash, dreamed
of damp nights, slit windpipes of beef.
Young, believing clay spirits, black winds

Alfansa

Carolyn Forché

Mi espíritu es una hostia de humo
subiendo de una fuente estallando en silencio
un sonido de algo viejo, seco, listo para ser quemado.

1

Alfansa enhebra chiles de Chimayo,
como corazones sagrados, lenguas de fuego amarradas juntas.
Semilla de chile vacías, traqueteando, brillando desde
adentro como lámparas de cera.

Los hogares de Chimayo son tierra color de sangre,
lavándose de riachuelos que se desgarran sobre
Sangre de Cristo.
Alamos tiemblan polvo,
de manadas de barro, de vigas de madera,
hombres de Chimayo, Cundiyo construyeron esta misión.
La gente viene a este Santuario,
se untan con barro, prenden velas.
Levantan barro seco del pozo de barro a sus bocas.
(Se llena solo mientras están dormidos.)

Se llevan la tierra en ropa de cojos.
llorando *"el posito, jesu, cristu."*
Traen zapatitos de bebé a la estatua
del Niño, sus zapatos se ponen suaves, delgados
mientras se llena el hueco.
Sus muletas ellos
enhebran en las paredes del Santuario.

2

Ella nació Chimayo, venados
lloraron debajo de altaleche.
De niña su padre recorrió San Mateo.
Ella, color de arcillas, trabajaba quieta.

En la casa de barro, Jorge, Pasha, ella
limpiaba las moscas de sus caras, estrujaba el lavado, soñaba
de noches húmedas, traqueas rajadas de carne de res.
Jóven, creyendo a espíritus de barro, vientos negros

tunneled to her sleep.
Madre de Dios, she heard Maria whisper
in yellow pine *'alfansa.'*

3

When she was eighty, her neck
swelled, lack of salt.
Like a sack of worms
crawling there, sometimes
a sandbag tied on her voice.
She lived with it, held it
when she spoke as if it would
drop from her throat.
She heard a voice of hills *'alfansa.'*

It told her the secret
not only of Cundiyo, but Mora, beyond.

4

Beads drip from their fists in Santuario,
between each decade men sing like Hebrews.
Voices as clean as pine root boiled in fire.
Alfansa covers her hair, goes to the mission
alone at night in emptiness.
Dust covers Christ, Alfansa
wipes Him, hauls baskets of soil
to the well weeping *'posito, jesu,'*
rubbing shoes on her lips.

Snow stains Sangre de Cristo
faintly the color of wounds.

5

Morning. People come
to this hole that fills itself,
reaching down to touch
new growths of the earth.

All the while Alfansa pounds corn, her goiter
growing hot pulp like Chimayo chile, Hail Marys, worry
for her husband who is dead.

tunelaban a su sueño.
Madre de Dios, ella escuchó a María susurrar
en pino amarillo *"alfansa."*

3

Cuando tenía ochenta años, su cuello
se hinchó, falta de sal.
Como un saco de gusanos
arrastrándose allí, a veces
un saco de arena amarrado a su voz.
Ella vivía con él, lo agarraba
cuando hablaba como si fuera a
caerse de su garganta.
Oyó una voz de colinas *"alfansa."*

Le dijo el secreto
no solo de Cundiyo, pero de Mora, más allá.

4

Abalorios gotean de sus puños en Santuario,
entre cada década hombres cantan como Hebreos.
Voces tan limpias como una raíz de pino hervida en fuego.
Alfansa se cubre el pelo, va a la misión
sola en la noche en el vacío.
Polvo cubre a Cristo, Alfansa
Lo limpia, arrastra canastas de tierra
al pozo llorando *"posito, jesu,"*
frotando zapatos en sus labios.

La nieve mancha Sangre de Cristo.
un suave color de heridas.

5

Mañana. Gente viene
a este hueco que se llena solo,
alcanzando hacia abajo para tocar
nuevos crecimientos de tierra.

Todo el tiempo Alfansa muele maíz, su bocio
creciendo pulpa caliente como el chile de Chimayo, Ave Marías, preocupación
por su marido que está muerto.

Mientras Dure Vida, Sobra el Tiempo

Carolyn Forché

Memory becomes very deep, weighs more, moves less

1

She is a good woman, walking
in the body of a twisted bush, as old
as the ones who are gone.
Her teeth, chips of winter river
thawed, swallowed
or spit out.

On the way to town her hands
fly in and out her shawl
catching scraps of her voice,
feathers fallen from birds.
Like mud hens, her hands.

She buys coffee, medicine, pork.
Squats on the grocery floor
digging in her breasts
for money.
She is no higher than chamisa
or wild plum trees
grown for more than a hundred years
beside the river.

2

I feel the mountains moving
closer, with smoke
on their faces, hear cries
in couloirs of snow.

Last night a woman not alive
came to my bedside, a black shirt, black
reboso. She touched
my blankets, sang like wind

Mientras Dure Vida, Sobra el Tiempo

Carolyn Forché

La memoria se vuelve muy profunda, pesa más, se mueve menos.

1

Ella es una buena mujer, caminando
en el cuerpo de una mata torcida, tan vieja
como las que se han ido.
Sus dientes, pedazitos de río de invierno
derretido, tragado
o escupido.

Yendo al pueblo sus manos
vuelan para adentro y afuera su chal
agarrando pedazos de su voz,
plumas caídas de pájaros.
Como gallinas de barro, sus manos.

Ella compra café, medicina, puerco.
Se acuclilla en el piso de la tienda
buscando dinero
en sus senos.
No es más alta que chamisa
o árboles jóvenes de ciruela
crecidos por mas de cien años
al lado del río.

2

Siento las montañas moverse
más cerca, con humo
en sus caras, oigo gritos
en colores de nieve.

Anoche una mujer no viva
vino al lado de mi cama, una camisa blanca, reboso
negro. Ella tocó
mis mantas, cantó como el viento

in a crack, saw
that my eyes were open.
She went to the kitchen
without footsteps,
rattled pans, sang *ma-he-yo*

Ma-he-yo until morning.

3

On the way from town Rosita
leads me through rosy dust of North Plaza.
My face shrivels, I shrink through her
doorway.

On her walls, a washtub, Jesus.
One room.
La yerba del manso tied,
hung from a nail to dry.
Green chile, a blanket
dyed to match the field.
She has lived alone.

4

Rosita kneeling at her fogon,
since morning no fire.
Wind bony, dark as her face
when at night she holds
her eyes in her hands.

She stacks stumps of piñon,
lights a match.
I drop like piñon at her feet.
Fire rushes from her hands, her hands
flutter, flames, her bones
shine like tongs through her flesh.

Sparks on the ground turning into women
who begged to be let go, that night
on the llano.
People talk, people tell
these stories.

por una grieta, vió
que mis ojos estaban abiertos.
Ella fué a la cocina
sin pasos,
traqueteó los sartenes, cantó *ma-he-yo*

Ma-he-yo hasta el amanecer.

3

Regresando del pueblo Rosita
me lleva por entre polvo rosado de la Plaza Norte.
Mi cara se arruga, me achico por su
puerta.

En sus paredes, un lavadero, Jesús.
Un cuarto.
La yerba del manso amarrada,
colgada de un clavo para secarse.
Chile verde, una manta
teñida para hacerle juego al prado.
Ella ha vivido sola.

4

Rosita arrodillada al lado de su fogón,
desde la mañana no hay fuego.
Viento huesudo, oscuro como su cara
cuando en la noche ella toma
sus ojos en sus manos.

Ella amontona troncos de piñón,
enciende un fósforo.
Yo me caigo como piñón a sus pies.
Fuego corre de sus manos, sus manos
aleteo, llamas, sus huesos
brillan como tenazas entre su piel.

Chispas en el suelo convirtiéndose en mujeres
quienes suplican ser liberadas, esa noche
en el llano.
Gente habla, gente cuenta
estos cuentos.

People say "leave Rosita alone or you are
maleficiada."
Her laugh is a music
from the time of Christ.
Rosita's eyes shatter
la tristeza de la vida,
dog-stars within them.

You, you live alone
in your life.
Your life will have ma-he-yo.
I never married, never
cut my hair.
Ma-he-yo are blessings of God.
That is all the English I have.

5

On another day she disappeared,
her door open, her eyes
seen in the face of a dog
near the river.

You will light fires
with one touch.
You will make one death
into another.

Gente dice "deja sola a Rosita o eres
maleficiada."
Su risa es una música
del tiempo de Cristo.
Los ojos de Rosita hacen pedazos
a la tristeza de la vida,
perro-estrellas dentro de ellos.

Tú, tú vives sola
en tu vida.
Tu vida tendrá ma-he-yo.
Yo nunca me casé, nunca
me corté el pelo.
Ma-he-yo son bendiciones de Dios.
Ese es todo el inglés que tengo.

5

Otro día ella desapareció,
su puerta abierta, sus ojos
vistos en la cara de un perro
cerca del río.

Tu prenderás fuegos
con un toque.
Tu harás una muerte
a otra.

Soulfeathers for Albert Camus

Gene Frumkin

In Albuquerque "the relentless
bad taste
                reaches a point of baroque extravagance
where all can be forgiven"
                                The miles
of neon lights along Central Avenue
attract me as no other lights anywhere
I'm a tourist
                nothing more
of this nightly bawdy passage
through the New Mexico plains

Albuquerque is a desert
                                During the day
I can be alone with it   I can make love
to it   How can it resist me
helpless as it is   a city of little character
and no repute?   All it asks of me
is that I bring back flowery stories
from Santa Fe
                60 miles away
Santa Fe is a bitch   We would quarrel incessantly
There would be questions of fidelity

Driving to Cuba, New Mexico
for William Eastlake

Mesas in the distance
lavender
                the cliffs layer on layer
russet green and beige
Two hours being driven
                                half dozing in
such calm no cage could hold

Plumas de Alma para Albert Camus

Gene Frumkin

En Albuquerque "el implacable
mal gusto
        alcanza un punto de extravaganza barroca
donde todo puede ser perdonado"
              Las millas
de luces neón a lo largo de Central Avenue
me atraen como ningunas otras luces
Soy un turista
        nada más
de este obsceno pasaje nocturno
en los llanos de Nuevo México

Albuquerque es un desierto.
           Durante el día
puedo estar solo con él   Puedo hacerle el amor.
¿Cómo puede resistirme
siendo tan impotente como es   una ciudad de poco carácter
y ninguna reputación?   Lo único que quiere de mí
es que le traiga cuentos floreados
de Santa Fé
        a 60 millas de distancia.
Santa Fe es una perra   Discutiríamos sin cesar
Y habría dudas de fidelidad.

Manejando a Cuba, Nuevo México
for William Eastlake

Mesetas en la distancia
color de alhucema
       los peñascos capa sobre capa
bermejo verde y beige.
Por dos horas me conducen
           medio dormido
en tal calma que ninguna jaula aguantería

seeing the sun roam four-footed
across the plain
                        The land sprang toward the
honeyed giant
                    through the grey campfire
of my sleep
                Beauty
                            what does it mean
but the beast arrested mid-leap
between morning and night
                                to be clothed always
in the moment's scent
                        We came
to the ranch   I climbed its mesa
as if to verify this permanence
this brief blossoming in the ages' span
And found in fossilized wood
a landscape by Cezanne

Keeping Watch

for Joy Harjo

Gene Frumkin

"Keep watch over the southwestern sky
until I get there" you write
                            Always
That's what I do to hear myself
during the hours alone with my silence
This particular sky waited a long time
for me
            and now it waits for you

It's a way not a map for my eyes
maybe yours too
                    It's why I've been happier
since I crossed the line near Gallup in '66
The mesas then around 6 o'clock under a hot
September sun were heavy animals

ver el sol recorrer en cuatro patas
el llano.
                              La tierra surgió hacia el
gigante enmielado
                              através de la fogata gris
de mi sueño.
                    Belleza,
                              qué significa
sino la bestia capturada a medio salto
entre la mañana y la noche
                              para ser vestida siempre
con el aroma del momento.
                              Venimos
al rancho   Subí su meseta
como verificando esta permanencia
este fugaz florecer en el trayecto de las eras
Y encontré en la madera hecha fósil
un panorama por Cezanne.

Vigilando

para Joy Harjo

Gene Frumkin

"Mantén tu vigilancia sobre el cielo suroeste
hasta que yo llegue" escribiste
                              Siempre.
Eso es lo que hago para escucharme a mi mismo
durante las horas que paso solo con mi silencio.
Este cielo particular esperó tanto tiempo
por mi
ií.

Es un sendero no un mapa para mis ojos
quizás tuyo también.
                              Es por eso que he sido más feliz
desde que crucé la línea cerca de Gallup en el '66.
En ese entonces las mesetas, alreder de las 6 y bajo un candente
sol en Septiembre eran animales pesados

dark brown russet ochre   shaggy and hard
under that constantly moving sky
These calm beasts were friends
whom I recognized as ghosts from a history
I hadn't read except as a child's tale

I watched the sky   this desert ocean
and as I drove I swam in a good sweat
toward a form of home

For you the red horse wind again?
I remember its terrible force once
pulling at your bones

                    It's fearful
to be greeted by your own heart
far from your first cry and bloodspring
as if you'd settled in someone else's dream

I'm still afraid of strangers' myths
but I keep on watching

                    Make it soon
Huge, ancient and flowing as it is
the southwestern sky needs you back
I see it a little paler without you

café oscuro y amarillo castaño   hirsutos y duros
bajo el cielo que se movía constantemente.
Estas bestias tranquilas eran amigas
a quienes reconocí como fantasmas de una historia
que no había leído excepto como cuento de niños.

Miré el cielo   este océano desértico
y mientras manejaba nadé en un buen sudor
hacia una forma de hogar.

¿Para ti el viento de caballo rojo otra vez?
Recuerdo su terrible fuerza una vez
jalándote los huesos.

                    Es espantoso
el ser recibido por tu propio corazón
lejos de tu primer llanto y derramamiento de sangre
como si te hubieras establecido en el sueño de otro.

Aún estoy temeroso de mitos de extraños
pero me mantengo vigilante.

                    Ven pronto
Enorme, antiguo y fluyendo como es
el cielo suroeste necesita que regreses,
lo veo un poco más pálido sin ti

peculiar smile

Cecilio Garcia-Camarillo

the thick and luscious blue
of the cloud is immeasurable

as she kneels
with an owl at her back
paper towels covering her lap

beans sprout from her right hand
and her memory ricochets off the top
of the skeletal cottonwood
then pierces the years
her bare breasts pulsating

then she fondles the long old brush
oozing bluest acrylic
the blue of innocence she whispers

caressing the old wooden table
the three mangoes
the squat aloe vera
the almond butter jar
and the serrated vegetable knife

just then the sun that's about to drop
behind the cedar fence
smears her peculiar smile
with a riot of magenta-tinged light

sonrisa peculiar

Cecilio Garcia-Camarillo

el azul espeso y suculento
de la nube es inmensurable

mientras ella se hinca
con un tecolote en la espalda
toallas de papel cubriendo su regazo

frijoles retoñan de su mano derecha
y su memoria rebota de la punta
del álamo esquelético
para luego perforar los años
sus senos descubiertos pulsando

luego ella acaricia el pincel viejo y largo
exudando el acrílico más azul
el azul de la inocencia que ella susurra

acariciando la vieja mesa de madera
los tres mangos
la zábila regordeta
el frasco de crema de almendras
y el cuchillo serrado para vegetales

justo entonces el sol que está a punto de bajar
atrás de la cerca de cedro
unta su sonrisa peculiar
con un aluvión de luz teñida de magenta

Summer Elegy in Santa Fe

Greg Glazner

It is a hard time among these vehicles
the June lunatics, the party tunes in honor
of Weekend, our patron saint of glibness.
It is hard among the Buena Vista Condominiums
and the federal bureaus of despair,
hard where yellow irises emblaze
a concrete santuario, or smolder at the base
of waist-high, cemetery weeds.
It is harrowingly sweet downtown—
the sunset a contagious pink, a sheen
in the boutiques and a cruiser's narrow,
heroin-injected eyes, pink windshields,
pink trucks of radiation incognito
in the backed-up arteries. Meanwhile
travelers are dazzled in the painless
fine art galleries of style, and all the arts
but poetry are thriving. We locals
eye this dusk as if a wonderful disease
had seized our city, lapsing into weightlessness
and visionary pleasure, these pastel hallucinations
soothing us toward a fevered sleep.

Elegía Veraniega en Santa Fe

Greg Glazner

Son tiempos duros entre estos vehículos
los lunáticos de Junio, las tonadas de fiesta en honor
al Fin de Semana, nuestro santo patrón de mucha labia
Es duro entre los Condominios Buena Vista
y las agencias federales de desespero,
duro donde los lirios amarillos alumbran
un santuario de concreto, o arden en rescoldo en la base
de hierbas de cementerio que llegan hasta la cintura.
Es inquietantemente dulce en el centro de la ciudad
el atardecer un rosado contagioso, un lustre
en las boutiques y los ojos semi-cerrados
inyectados de heroína de un vato paseándose en su coche,
parabrisas rosados, camiones rosados de radiación incógnita
en las arterias obstruídas. Mientras tanto
los viajantes quedan deslumbrados en las indoloras galerías de arte
y estilo, y todas las artes,
menos la poesía, están floreciendo. Nosotros, los residentes
miramos este atardecer como si una enfermedad maravillosa
hubiera tomado nuestra ciudad, cayendo en ingravidez
y placer visionario, estas halucinaciones en color pastel
mitigándonos hacia un sueño febril.

After the Rains in Chimayo

Greg Glazner

Modesto just breathes and wades in deeper,
swaying and working his rake through the choked
acequia that floods his scrap of land.
The current stains him to his thighs

with the rust of a thousand tractors, chassis, wheelrims
junked into the banks of the Santa Cruz,
with grit eroded from the faces
of the sandstone bluffs rain-gouged

and blistering with dawn behind him.
Already the swallows have begun their crazed alarms,
and he pulls his work hat down, a last inch of shadow
against the coming fury of the day. Old Novella rises

iron-eyed to her window, touching the Virgin
of carved stone, asking for mercy for this ranchero
stooped bankrupt over his red land;
for the eldest Penitente of the village, who by now

has lashed himself to the scaffolding
of Christ, pleading for the scourge
until it scars him clean;
for her sobrino, silent Ramon at the store

who has wakened to his nightmare of the young,
unlocking the twisted grating from the door.
But it will be early afternoon
before the merciless grow outraged with the convulsions

in their bones and the first low vato
idles hoodless and primer-gray
down the paved main road, insane for any promise
of a fix. It will be past noon, at least,

Después de las Lluvias en Chimayo

Greg Glazner

Modesto simplemente respira y entra más adentro,
Moviéndose de un lado para otro y trabajando su rastrillo por la acequia
asfixiada que inunda su trozo de tierra.
La corriente lo mancha hasta los muslos

con lo oxidado de mil tractores, chasíses, aros
reducidos a chatarra en las orillas del Santa Cruz,
con el cascajo erosionado de la faz
de la escarpadura arenisca cavada por la lluvia

y estallando con el amanecer a su espalda.
Las golondrinas ya han comenzado sus alarmas enloquecidas,
y él jala su sombrero de trabajo hacia abajo, una última pulgada de sombra
en contra de la furia venidera del día. La Vieja Novella se levanta

con ese ojo de hierro a su ventana, tocando a la Virgen
de piedra trabajada, pidiendo misericordia por este ranchero
quebrado agachado sobre su tierra roja;
por el Penitente más viejo del pueblecito, quien ya

se ha atado a los andamios
de Cristo, rogando por el azote
hasta que éste lo cicatrice en purificación;
por su sobrino, el silencioso Ramón en la tienda

quien ha despertado a su pesadilla de la juventud,
abriendo la torcida cerradura de la reja de la puerta.
Pero ya habrá comenzado la tarde
antes de que los despiadados se enfurecen con las convulsiones

en sus huesos y el primer vato bajo
se pasea en anti-corrosivo gris y sin cofre
por la calle prinicipal pavimentada, loco por cualquier promesa
de una inyección. Será pasado del mediodía, por lo menos,

when white Cynthia wakes up
to the memories of splintered doors, floors heaped
with what was left, gashes of lipstick
on the mirrors, mutilated family dogs—

and finally underfeeds the pit bull at her bed.
By then Modesto will have raked
the last beer cans, branch, and knotted snake
from his hundred yards of ditch, will have

crossed himself, and vanished toward the hunger
of his sleep, or the corn's shallow furrows
that will last until the next hard rain, when another
red erosion overflows the vessels of this valley.

cuando la blanca Cynthia se despierta
a las memorias de puertas quebradas, pisos amontonados
con lo que quedó, cuchilladas de lápiz labial
en los espejos, perros familiares mutilados—

y finalmente malnutre al bull terry al lado de la cama
Para ese entonces Modesto habrá rastrillado
la última lata de cerveza, rama y víbora enroscada
de sus cien yardas de acequia, se habrá

persinado, y esfumado hacia el hambre
de sus borregos, de los surcos someros del maíz
que durarán hasta la siguiente lluvia fuerte, cuando otra
erosión roja desborda las vasijas de este valle.

Moving to Light

Renée Gregorio

He threw me once.
That's all it took.
Just the clean sweep
of his foot along the mat
and I was done for—tumbled and caught
by rushing gust of wind.
My body flew up
then down fast,
to the coin's edge
between pain and pleasure,
where there's only
the throb of the *yes* of the moment.

Then I knew the cleanliness
of energy coming from all of him,
knew what it meant to be at the rope's
middle, that still and centered point
between opposing forces tugging for position.
Such purity.

Even childhood was never so right,
all that holding back, afraid of speech that would reveal
me, always a veil over my eyes and face like an ancient bride.
I have never been a bride, yet the veil has held me away from
the scent of the likes of him, even from myself.

When he threw me there was no thought before or after.
He woke me from dreaming,
maybe a lifetime of it, and when I turn in that direction,
there is light coming up over a mountain—
it is no less than the light of a full moon
in this star-ridden desert sky. His sky has stars in it, too.
I saw them begin to reveal themselves,
only a few scattered in that once-fogged dark.

Moviéndose a la Luz

Renée Gregorio

Me arrojó una vez.
Es todo lo que tomó.
Solo la finalidad del paso
de su pie por el tapete
y yo estaba vencida—tirada y atrapada
por la ráfaga de viento precipitante.
Mi cuerpo voló hacia arriba
y después para abajo con rapidez,
a la orilla de la moneda
entre el dolor y el placer.
donde hay solamente
el pulsar del *sí* del momento.

Entonces yo supe la limpieza
de energía saliendo de todo él,
supe qué significaba estar en la mitad
de la cuerda, ese punto inmóvil y centrado
entre fuerzas opuestas jalando por posición.
Qué pureza.

Aún la niñez nunca fué tan perfecta,
toda esa represión, temorosa del hablar que me revelara,
siempre un velo sobre mis ojos y cara como una novia de antaño.
Nunca he sido una novia, sin embargo el velo me ha mantenido lejos
de la aroma de tipos como él, aún de mí mísma.

Cuando él me arrojó no hubo pensamiento ni antes ni después.
El me despertó del soñar,
quizás una vida entera del soñar, y cuando yo me volteo en esa dirección,
hay luz subiendo de atras de una montaña —
no es nada menos que la luz de una luna llena
en este cielo estrellado del desierto. Su cielo tambien tiene estrellas.
Las ví comenzar a revelarse,
solamente unas pocas desparramadas en esa obscuridad antes nebulosa

Only a few,
but I remember their brilliance as I remember him later pushing me
back onto the table, my silk under his thick hands,
and to me it seemed the whole audience must have turned toward us—
there was so much light.

Silent Dialogue

Renée Gregorio

You want to be free of so many things,
yourself for one. And the heavy vigas.
You want to be free of the driving wind,
the empty canvas, the wilting strawberry plants.

I don't know how to walk here, among the ruins.
I trip on the rough-edged stones. It's too dry;
I want to water everything without asking.
The wind blows hard, delivering a whisper of *father*.

A silent, invisible yoke. You dream of morphine.
Another addiction, directing you to another sort of death.
But you say in the dream, *I have wanted you and I don't want to die.*
Light clenched against stone. The silence of a clenched muscle.

Some days I think I want to get married.
It's a matter of linguistics; I want to say *husband*.
By the Rio Chiquito, Catanya told me lobsters mate for life.
I thought of how many halves of couples I'd eaten.

I'm sorry; I was hungry. When we woke this morning
we spoke without words of the wide, green field in the distance.
It was before the alarm went off, after the shrill of coyote.
Quick lightning split Pedernal.

It was more than the curve of your bent elbow, more
than the words we said that kept us together, more
than that particular intersection. We saw the fragile
leaf of the unflowering pansy and felt afraid.

A song is building inside the lining of our throats.

Solamente unas cuantas,
pero me acuerdo de su brillantez como me acuerdo de él después
empujándome sobre la mesa, mi seda bajo sus manos gruesas,
y a mí me pareció que toda la audiencia se debió de haber volteado hacia
nosotros—
había tanta luz.

Diálogo Silencioso

Renée Gregorio

Quieres estar libre de tantas cosas,
de ti mísmo, por uno. Y las vigas pesadas.
Quieres estar libre del viento azotador,
el lienzo vacío, las plantas de fresa marchitándose.

Yo no sé como caminar aquí, entre las ruinas.
Me tropiezo en las piedrasásperas. Es demasiado seco;
Quiero regar a todo sin pedir permiso.
El viento sopla fuerte, entregando un susurro de *padre*.

Una yunta silenciosa, invisible. Tú sueñas con morfina.
Otra adicción, dirigiéndote hacia otra forma de muerte.
Pero dices en el sueño, *te tengo y no quiero morir*.
Luz apretada contra piedra. El silencio de un músculo tenso.

Algunos días pienso que quiero casarme.
Es cuestión de lingüísticas; yo quiero decir *esposo*.
Por el Río Chiquito, Catanya me dijo que las langostas se aparean de por vida.
Pensé en cuantas medias parejas me he comido.

Lo siento; tenía hambre. Cuando nos despertamos esta mañana
hablamos sin palabras del campo verde y ancho a la distancia.
Fué antes de que sonara el alarma, después del chillido del coyote.
Relámpagos rápidos rajaron el Pedernal.

Fué más que la curva de tu codo doblado, más
que nuestras palabras que nos mantuvieron unidos, más
que esa intersección en particular. Vimos la hoja
frágil de la flor del pensamiento sin florear y sentimos miedo.

Una canción se acumula en el forro de nuestras gargantas.

Juan's Last Trail

Drum Hadley

There's Juan walking along the
   ridgeline,
        tortillas in a sack, a half-
filled bottle of tequila.
Old heart walking, centuries
   singing, dry times, the rangelands
   and wetback trails,
        his own people, Sonora,
Mexico.

Humming of flies along that
   winding path, trembling side-outs
   seeds. . . .
        "*Mira*, there, look past
   those mesquite leaves."
Faded levis, tan shirt, sombrero by
   the cliff-rock
        "Where the trail climbs the
   ridgeline. Do you see him?"

A hawk goes gliding low over Juan's
   bones.

Sunlight and the rains, summertime,
   the worms,
        odor like a cow dead about
   four weeks.
Grease from his body turning the
   side-oats grasses brown.
        Grease, coyotes, lightning
   who knows?

Early fall clouds rolling over the
   ridgeline.
        Bodies, clouds, dry falling
   seeds,

El Ultimo Sendero de Juan

Drum Hadley

Allí está Juan caminando a lo largo de la
   cresta,
      tortilla en un costal, una botella medio-
   llena de tequila.
Corazón viejo caminando, siglos
   cantando, tiempos secos, las praderas
   y senderos de braceros,
      su propia gente, Sonora,
   México.

El zumbeo de moscas a lo largo de ese
   sendero encurvante, semillas de pastos
   temblando. . . .
      "*Mira*, allí, mira más allá
   de esas hojas de mesquite."
Pantalones de mezclilla descolorados, camisa café clara, sombrero
   por la roca del peñasco
      "Donde el sendero asciende la
   cumbre. ¿Lo ves a él?"

Un halcón baja planeando sobre los huesos
   de Juan.

La luz del sol y las lluvias, el tiempo de verano,
   los gusanos,
      olor como de vaca muerta cerca de
   cuatro semanas.
La grasa de su cuerpo dorando los
   pastos alrededor,
      Grasa, coyotes, relámpagos
   ¿quién sabe?

Nubes tempranas de otoño rodando sobre la
   cresta.
      Cuerpos, nubes, semillas secas
   cayendo,

pretty quick a man disappears in the
    winds
        and the creeks and the
    mountain sands.

Old Dust in the wind drifting on the
    Guadalupe Canyon trail.
        "Where are you headed
    Juan?"
"Siempre tengo mi camino en la
    punta de los pies.
        Always my way is before
    me," Juan said.

        "Only the tips of my feet
    know where I will go."

luego luego un hombre desaparece en los
vientos
    y los riachuelos y las
arenas de montaña.

Polvo Viejo llevado por el viento en el
sendero del Canyon Guadalupe.
    "¿Adónde vas,
Juan?"

    "Siempre tengo mi camino en la
punta de los pies," dijo Juan.

    "Solamente la punta de mis pies
saben donde yo iré."

The Bachelor Ride

Susan Hafen

My friend was planning a trail ride,
It was a last bachelor party, you know.
Doc and the boys allowed no women.
But—I invited myself to go.

I told them I'd sing for my supper
If they'd take me and my new horse along
To the Pecos Wilderness trail ride;
So they took me along— for the song

We hauled horses and gear to the mountain
And on Sunday those boys all showed up.
Liz cooked and I sang for those bachelors.
The next morning those men saddled up

Well, 12 of us headed up the trail
"Yeeee Haw!" Paul said "Let's Ride!"
With the gang on good mountain horses,
The guide's daughter and I rode drag.

Riding the Pecos is not for faint hearted
Up steep mountains, 'cross rivers, down trails
But those boys hung in for 9 hours a day
Flatlanders—who rode without fail.

Every day the cook fixed New Mexican food
And those bachelors ate it with gusto;
Red & green chile for breakfast & dinner—
We discussed the meaning of macho.

And I sang cowboy songs and drank whiskey
With those men by the campfire's bright light
And their lives unfolded as the days went on
And I knew that the ride was just right.

El Paseo del Soltero

Susan Hafen

Mi amigo estaba planeando un paseo a caballo.
Era una última fiesta de soltero, tú sabes.
Doc y los muchachos no permitián ninguna mujer.
Pero yo me invité a ir.

Les dije que cantaría por mi cena,
Si ellos me llevaban a mí y a mi caballo nuevo
En el paseo en la Tierra Virgen de Pecos;
Así que me llevaron-por la canción

Acarreamos caballos y equipo a la montaña
Y el Domingo todos los muchachos se presentaron.
Liz cocinó y yo canté para esos solteros.
La siguiente mañana esos hombres se ensillaron

Bueno, 12 de nosotros nos dirigimos por la vereda
"¡Arre!¡Hurrah!" dijo Pablo "¡A cabalgar!"
Con la cuadrilla en buenos caballos de montaña,
La hija del guía y yo montamos hacia atrás.

Montar en el Pecos no es para el cobarde
Hacia arriba en montañas empinadas, através de ríos, vereda abajo
Pero esos muchachos aguantaron nueve horas por día
Hombres de llanuras—que cabalgaron sin fallar.

Todos los días el cocinero preparó comida nuevomexicana
Y esos solteros la comieron con gusto;
Chile rojo y verde al desayuno y a la cena
Discutimos el significado de macho.

Y yo canté canciones de vaquero y bebí whiski
Con esos hombres por la luz brillante de la fogata
Y sus vidas se desenvolvieron conforme los días siguieron
Y yo supe que era un paseo perfecto.

Now we rode in clear mountain mornings
Drank Jack Daniels by the moon's silver light
Sang songs and swapped stories and grew closer
While the mountain made our lives bright

At the end of the ride we packed up
And the boys met the ladies in town
For fajitas and margaritas at Maria's
To the ride we each drank a round

The mariachis played Mexican music
And the boys told the women tall tales
Of riding the Wilderness mountains
While coyotes filled nights with their wails

And I told Doc (the young men's father)
That his boys were tough—so I thought.
They had ridden the days without lament
And never once sympathy sought.

And Doc grinned and then laughed at his secret
And reached in his pocket right there
And showed me a bottle of pain killers
That those boys had emptied to share.

Well, they rode for days in the mountains
Rode without fear—without pain.
The blisters on their behinds a souvenir
That we never mentioned again.

Paseamos en las claras mañanas del monte
Bebimos Jack Daniels por la luz de la luna plateada
Cantamos canciones y compartimos cuentos y nos acercamos
Mientras la montaña hizo nuestras vidas brillar

Al final del paseo empacamos
Y los muchachos se reunieron con las mujeres en el pueblo
Para fajitas y margaritas en *María"s*
Brindamos cada uno una ronda para el paseo

Los mariachis tocaron música mexicana
Y los muchachos les contaron cuentos fabulosos a las mujeres
De pasear por las montañas de la Tierra Virgen
Con los coyotes llenando las noches con sus sollozos

Y le dije a Doc (el padre de los jóvenes)
Que sus hijos eran recios-así lo pensé.
Habían montado los días sin lamento
Y ni una vez simpatía buscaron.

Y Doc sonrió y luego se rió por su secreto
Y se metió la mano en el bolsillo allí mísmo
Y me mostró la botella de analgésicos
Que esos muchachos juntos habían vaciado

Pues, ellos montaron por días en las montañas
Montaron sin temor—sin dolor.
Las ampollas en sus traseros un recuerdo
Que jamás mencionamos otra vez.

Deer Ghost

Joy Harjo

1.
I hear a deer outside; her glass voice of the invisible
calls my heart to stand up and weep in this fragile city.
The season changed once more, as if my childhood
was forced from me, stolen during the dream of the lion
fleeing the old-style houses my people used to make of mud
and straw to mother the source of burning. The skeleton
of stars encircling this misty world stares through the roof;
there is no hiding anymore, and mystery is a skin that will never
quite fit. This is a night ghosts wander, and in this place
they are nameless as the nightmare the muscles in my
left hand remember.

2.
I have failed once more and let the fire go out. I misunderstood
and left my world on your musk angel wings. Your fire scorched
my lips, but it was sweet, a bitter poetry. I can taste you
now as I squat on the earth floor of this home I abandoned
for you. On this street named for a warrior people, a street
named after bravery, I am lighting the fire that crawls from my spine
to the gods with a coal from my sister's flame. This is what names
me in the ways of my people, who have called me back.
The deer knows what it is doing wandering the streets of this
city; it has never forgotten the songs.

3.
I don't care what you say. The deer is no imaginary tale
I have created to fill this house because you left me.
There is more to this world than I have ever let on
to you, or anyone.

Fantasma de Venado

Joy Harjo

1.
Oigo un venado afuera; su voz de vidrio de lo invisible
clama a mi corazón que se pare y llore en esta ciudad frágil.
La estación cambió una vez más, como si mi niñez
fuera forzada de mí, robada durante el sueño del león
huyendo de las casas estilo antiguo que mis antepasados solían hacer de barro
y paja para nutrir la fuente del ardor. El esqueleto
de estrellas que rodea este mundo nebuloso clava la vista a través del techo;
ya no nos podemos esconder, y el misterio es una piel que nunca
encajará perfectamente. Esta es una noche que los fantasmas de la noche andan
vagando, y en este lugar les faltan nombres igual que a la pesadilla grabada
en los músculos de mi mano izquierda.

2.
He fallado una vez más y dejé que se apagara el fuego. Malentendí
y dejé mi mundo en tus alas de ángel almizcleñas. Tu fuego chamuscó
mis labios, pero fué dulce, una poesía agria. Puedo saborearte
ahora al acuclillarme en el suelo de tierra de este hogar que abandoné
por ti. En esta calle nombrada para un pueblo de guerreros, una calle
nombrada valiente, estoy prendiendo el fuego que se arrastra desde mi espina
a los dioses con un carbón de la llama de mi hermana. Esto es lo que me nombra
en las costumbres de mi pueblo, quienes me han llamado que regrese.
El venado sabe lo que está haciendo vagando por las calles de esta
ciudad; nunca se le han olvidado los cantos.

3.
No me importa lo que digas. El venado no es un cuento imaginario
que he creado para llenar esta casa porque me has dejado.
Hay más en este mundo de lo que te he dado a entender
a ti o a cualquiera.

Song for the Deer and Myself to Return On

Joy Harjo

This morning when I looked out the roof window
before dawn and a few stars were still caught
in the fragile weft of ebony night
I was overwhelmed. I sang the song Louis taught me:
a song to call the deer in Creek, when hunting,
and I am certainly hunting something as magic as deer
in this city far from the hammock of my mother's belly.
It works, of course, and deer came into this room
and wondered at finding themselves
in a house near downtown Denver.
Now the deer and I are trying to figure out a song
to get them back, to get all of us back,
because if it works I'm going with them.
And it's too early to call Louis
and nearly to late to go home.

Canción de Retorno Para Mi y los Venados

Joy Harjo

Esta mañana cuando miré por la ventana del techo
antes de la madrugada y habían unas estrellas todavía
enredadas en el tejido frágil de la noche de ébano
me quedé abrumada. Canté la canción que me enseñó Louis:
una canción para llamar a los venados en Creek, durante la caza,
y definitivamente estoy cazando algo tan mágico como un venado
en esta ciudad lejos de la hamaca del vientre de mi madre.
Funciona, por su puesto, y vinieron venados a este cuarto,
desconcertados al encontrarse
en una casa cerca del centro de Denver.
Ahora los venados y yo estamos tratando de inventar una canción
para devolverlos, para devolvernos a todos,
porque si funciona yo me voy con ellos.
Y es muy temprano para llamar a Louis
y casi muy tarde para regresar a casa.

The Sun on Sandia Crest

Penny Harter

On Sandia Crest the sun
stuns the Earth,
its huge blinding eye
turning snow to fire.

It swells in the absolute
blue of the sky,
its dark pupil fueling
luminous, uneven lunges
of the corona.

Or it is a mouth
with many tongues
licking up the mountains,
the slopes of blue spruce.

This sun finds the bones
beneath our cheeks, the small
white echoes of our skulls
which will not shine
unless they are an offering
scattered on the mountainside.

El Sol en Sandía Crest

Penny Harter

En la Cresta de Sandía el sol
deja pasmada a la Tierra,
su ojo enorme enciegante
cambiando a fuego la nieve.

Se hincha en el azul
celestial absoluto,
su pupila oscura nutriendo
las arremetidas luminosas y disparejas
de la corona.

O es una boca
con muchas lenguas
lamiendo las montañas,
las cuestas de picea azulada.

Este sol encuentra los huesos
debajo de nuestras mejillas, los ecos
pequeños de nuestros cráneos
los cuales no brillarán
a menos que sean una ofrenda
esparcida en la falda de la montaña.

A Momentary Stay Against the Changing of the Light

Christine Hemp

Our photographs won't get the color of the sky right.
Nor will they record our conversations:
Pablo Neruda; blood drawn from kisses; compromise.

But the shots will still us
against a Spanish church known for healing,
a flashing river running its course,
a courtyard meal long since cleared away under yellowing leaves.
That's all we can ask for, isn't it? Images
of a lifted glass of gin, your turned cheek,
a hand raised in riverlight below red rock cliffs.

If we were to cast a spell on the undeveloped film or
scrape the negatives, could we rearrange the shapes
whose resolution in a darkened room creates the past?
We might choose to include a lizard, a frown,
the yellow plastic bottle trapped
in the circles of the eddy in the gorge.
For the sake of shadows. To keep things true.

I think I'd rather let it be,
receive the pictures in the mail, hoping only that they might
reveal why we were drawn together briefly at the end
of a season, our common ground the desert's edge, the light.

Una Demora Momentánea en Contra del Cambio de la Luz

Christine Hemp

Nuestras fotografías no sacarán bien el color del cielo.
Tampoco grabarán nuestras conversaciones:
Pablo Neruda; sangre sacada de besos; compromiso.

Pero las tomas nos fijarán
en frente de una iglesia española conocida por sus curaciones,
un río chispeante siguiendo su curso,
una comida en un patio removida desde hace mucho bajo hojas amarillándose.
Eso es todo lo que podemos pedir, ¿o no es así? Imágenes
de un vaso de ginebra alzado, tu mejilla volteada,
una mano levantada en la luz del río bajo peñascos rojos y rocosos.

Si echáramos un hechizo en la película sin revelar o
raspáramos los negativos, ¿podríamos arreglar las formas de otro modo
cuya resolución en un cuarto oscurecido crea el pasado?
Quizás escogeríamos incluir una lagartija, un entrecejo fruncido,
la botella amarilla de plástico atrapada
en los círculos de la contracorriente en la barranca.
Por el bien de las sombras. Para mantener la verdad de las cosas.

Creo que preferiría dejarlo como está,
recibir los retratos en el correo, esperando solamente que pudiésen
revelar porque fuimos atraídos a estar juntos brevemente al final
de una estación, nuestro punto común la orilla del desierto, la luz.

At A Diner Near Chama, New Mexico

William J. Higginson

The couple with matching hands,
torn cuticles
and grime ground in
from labor in the soil,
sits quietly,
waiting for their food.

Their teen-aged daughter
and her friend,
who pulled up a chair,
chatter on about boys,
about school events
about she-said-he-said.

Their food arrives.
The woman carefully
places her onion
on her husband's plate,
leaning it against
the stack of french fries.
He reaches across
and puts next to her hamburger
his green slice of pickle.
Quietly, they begin eating,
focused on the food.

Their daughter continues
talking to the friend,
ignoring her sandwich.
She picks at her fries,
now and then gesturing with one
in her long, polished nails.

En un Comedor Cerca de Chama, Nuevo México

William J. Higginson

La pareja con manos asemejadas,
cutículos rotos
y mugre penetrada
de la labor en la tierra,
se sientan en silencio,
esperando su comida.

Su hija adolescente
y su amiga,
quien se jaló una silla,
charlan de muchachos,
de eventos escolares
de lo que dijo ella-dijo él.

Su comida llega.
La mujer cuidadosmanete
coloca su cebolla
en el plato de su esposo,
arrimándola contra
una pila de papas fritas.
El alcanza al otro lado
y pone junto a la hamburguesa de ella
su rebanada de pepinillo verde.
Silenciosamente, empiezan a comer,
enfocados en la comida.

Su hija sigue
hablando a la amiga,
ignorando su sandwich.
Ella picotea sus papas,
de cuando en cuando haciendo gestos con una
en sus uñas largas y pulidas.

Your Writing's Not in Cochiti

Judyth Hill

Not at the dam, where the ring-tailed lemur hunts along dark granite.
Not by the lake, where the mallards dip and dive.
It's not by Buckman Reservoir, no matter how high the Rio is running.
How sedimentary and Zen the river rocks are.

Your writing's not in the Gila.
Not bathing in 7 successive pools of hot springs
ringed by mysterious grottos.
You'd light a candle and pray if you could.
But you can't because you've left,
to sit in a cowboy bar in Silver City,
drinking too much Turkey,
listening to songs about losing your job, your love and your dog
& waiting for your writing.

But writing stands you up again.
So you head for the Bosque.
Your writing isn't there, but 7 eagles are.
It's January, and there's Sandhill cranes and the 13 Whoopers.
They've forgotten their courting dance and you have too.
You watch their spindly long-legged grace.
Knobby knees and and bobbing walk.
Their innocence stuns you.

Watch them through binoculars.
It's so idyllic. It's so inspiring.
You'd write about them.
But your writing's in Socorro.
Eating a fiesta omelette, drinking bad coffee at Jerry's Diner.

The busboy's shaking his ragmop and glaring.
And the waitress, whose boyfriend just dumped her, is wiping her tears
and forgetting the toast.
You're just pulling in, as your writing takes off north.
You order hot chocolate.

Tu Escritura No Está en Cochiti

Judyth Hill

No en la presa, donde el lemur de cola anillada caza entre granito oscuro.
No por el lago, donde los patos silvestres se zambullen y nadan.
No está por el Reservorio Buckman, no importa qué tan alto corre el río.
Qué tan sedimentarios y Zen son las rocas del río.

Tu escritura no está en el Gila.
Ni bañándose en 7 estanques sucesivos de ojos calientes
rodeados por grutas misteriosas.
Prenderías una vela y rezarías si lo pudieras hacer.
Pero no puedes porque te has ido,
a sentarte en un bar de vaqueros en Silver City,
bebiendo demasiado *Turkey*,
oyendo canciones acerca de perder tu trabajo, tu amor y tu perro
y esperando por tu escritura.

Pero la escritura te pone de pie de nuevo.
Así que te diriges al Bosque.
Tu escritura no está por allí, pero sí lo están 7 águilas.
Es Enero, y hay grullas *Sandhill* y las 13 *Whoopers*.
Se les ha olvidado su danza de cortejeo y tú también lo has hecho.
Observas su gracia zanguilarga.
Rodillas ennudadas y su caminar de arriba-abajo.
Su inocencia te pasma.

Míralos através de los binoculares.
Es tan idílico. Es tan inspirador.
Tú escribirías acerca de ellas.
Pero tu escritura está en Socorro.
Comiendo una omeleta fiesta, bebiendo café malo en el Comedor de Jerry.

El mozo sacudiendo su trapo y lanzando miradas feroces.
Y la mesera, cuyo novio la acaba de mandar a volar, está limpiándose sus lágrimas
y olvidando el pan tostado.
Apenas estás arribando, al momento en que tu escritura departe hacia el norte.
Pides un chocolate caliente.

The kind they make with water, and ponder maps.
The biscuits are plump and real. You plan a trip.

You'll take your typewriter.
You'll be quiet. You'll be alone.
You'll have time.

Meanwhile your writing's in Santa Fe.
Writing's taken your old job & gotten a raise.
Writing's dating your ex
and meeting your friends at the Grand Illusion Cinema.
Writing's eating popcorn with real butter and brewer's yeast,
just the way you like it, as the house lights dim.
Your mother's calling writing.
Your father sends money & offers of downpayments.

You're trying to figure out
if you should live up in the Jemez without electricity.
Your writing's buying new red Tony Lama's and a cappucino maker.
Your writing's got it good.
Sitting in your kitchen, sipping espresso,
looking out your window.

El tipo que hacen con agua, y tú examinas mapas.
Los panecillos son rechonchos y reales. Planeas un viaje.

Llevarás tu máquina de escribir.
Estarás callado. Estarás solo.
Tendrás tiempo.

Mientras tanto tu escritura está en Santa Fe.
La escritura ha tomado tu viejo trabajo y conseguido un aumento.
La escritura está saliendo con tu ex
y reuniéndose con tus amigos en el Cinema *Grand Illusion*.
La escritura está comiendo palomitas con mantequilla de verdad y levadura
    de cerveza,
justamente como te gusta, conforme las luces de la casa bajan.
Tu mamá está llamando a la escritura.
Tu papá manda dinero y ofertas de enganches.

Tú estás tratando de figurar
si deberías de vivir en el Jémez sin electricidad.
Tu escritura está comprando unas nuevas botas Tony Lama y una máquina
    para hacer cappuccino.
Tu escritura lo tiene rebien.
Sentada en tu cocina, probando espresso,
mirando por afuera de tu ventana.

Don't Show This to Anyone

Judyth Hill

This poem is respectfully dedicated to Larry Hill,
April 4th, 1952-October 8th, 1990

We say it quietly,
he's sick, he may not be here next year,
he can't do that, he's not well enough.
AIDS is his secret, his Buddha, his honey,
his lunch he eats alone in covetous silence every day.
He's alone a lot, cleans the house, takes naps.
His death is our secret.
We say, are you up to that? he isn't.
We tiptoe. We whisper.
Death is the biggest secret.
Sotto voce, we say, He's sick
we say, This could be the last time
we say, Don't overdo, How are you, How was your day
and we mean, you made it another day.

His thinness and pallor, blue lips.
What can we do? His death is no secret.
He's sick and we know and he knows.
At dinner I notice him white and shaking.
He needs to leave. Is it secret?
He's not telling but we leave.
AIDS, AIDS is the secret of the century.
He has AIDS has AIDS has AIDS.
I've said it now. He's dying.
He's here to say good-bye to us.
This is the last visit, the last talk,
the last drive to Chimayo for apple margaritas,
for holy dirt that can't cure the big secret,
that can't stop the wind whistling through every
conversation
and the lightning on the horizon
saying last, last, and never.

We can't fix him, like a rotor,
or the muffler on the car, or the baby's tricycle
or my new beaded earrings.
Jewelry can be remade, but brothers no.
Take a thousand vitamins, and do color meditation,
Wish on stars. Don't keep it secret,
maybe it will come true.

No Enseñes Esto a Nadie

Judyth Hill

Este poema está dedicado respetuosamente a Larry Hill,
4 de Abril de 1952 al 8 de Octubre de 1990

Lo decimos calladamente,
él está enfermo, puede que no esté aquí el año que entra,
él no puede hacer eso, no está suficientemente bien.
el SIDA es su secreto, su Buddha, su querida,
su almuerzo que come solo en un silencio codicioso todos los días.
El está solo mucho del tiempo, limpia la casa, toma siestas.
Su muerte es nuestro secreto.
Decimos, ¿eres capaz de hacer eso? no lo es.
Caminamos de puntillas. Susurramos.
La muerte es el secreto mayor.
Sotto voce, decimos, El está enfermo
decimos, Esta podría ser la última vez
decimos, No te sobrepases, Como estás, Como fué tu día
y queremos decir, lograste pasar otro día.

Su delgadez y palidez, labios azules.
¿Qué podemos hacer nosotros? Su muerte no es ningún secreto.
El está enfermo y nosotros lo sabemos y él lo sabe.
En la cena lo noto blanco y temblando.
El tiene que irse. ¿Es un secreto?
El no nos lo dice pero nosotros nos vamos.
SIDA, SIDA es el secreto del siglo.
El tiene SIDA tiene SIDA tiene SIDA.
Lo he dicho ahora. El se está muriendo.
El está aquí para decirnos adiós.
Esta es la última visita, la última plática,
el último paseo a Chimayo para margaritas de manzana,
para tierra bendita que no puede curar el gran secreto,
que no puede parar al viento chiflando a través de cada
conversación
y los relámpagos en el horizonte
diciendo último, último y nunca.

Nosotros no lo podemos arreglar, como un rotor,
o el mofle del coche, o el triciclo del bebé
o mis aretes de chaquira nuevos.
La joyería se puede re-hacer, pero hermanos no.
Toma mil vitaminas, y haz meditaciones en colores,
Haz deseos al mirar las estrellas. No mantengas el deseo en secreto,
tal vez llegará a realizarse.

A Love Song from the Chimayó Landfill

Janet Holmes

You'd have liked everything about this,
the brilliant sky hard as a jewel, and the kids
providing a sort of irresponsible background music,
entirely appropriate, and the aluminum-can collectors
smiling, with their bounty stacked by their pickup.
Even the dogs were smiling, wagging and sniffing
by the dead animal pit (whose stolen sign
turned up at a girls' dorm in Albuquerque);
and maybe one of those dogs will gleefully roll
in an old carcass, as wolves do,
and as your dog did once, and had to be brought home
walking mournfully behind the car. I had merely
two bags of garbage to heave into the heap,
a minor offering beside that of the men
emptying their truckbeds with shovels. They
were happy, too; yes, everyone was laughing,
as if it were Fiesta, not the dump. I wanted to tell you:
this is how you make me feel, my darling.

Una Canción de Amor Desde el Basurero de Chimayó

Janet Holmes

Te habría gustado todo acerca de esto,
el cielo brillante duro como una joya, y los muchachos
proveendo un tipo de música de fondo irresponsable,
totalmente apropiado, y los recolectores de latas de aluminio
sonriéndose, con su ganancia amontonada junto a su camioneta.
Hasta los perros estaban sonriéndose, meneándose la cola y olfateando
al lado de la foza de los animales muertos (cuyo letrero robado
salió a la luz en un dormitorio de muchachas en Albuquerque;)
y quizás uno de esos perros se rodará alegremente
en un cadáver viejo, como lo suelen hacer los lobos,
y como tu perro lo hizo una vez, y se tuvo que traer a la casa
caminando tristemente atrás del carro. Yo tenía apenas
dos bolsas de basura que lanzar a la pila,
una ofrenda menor junto a la de los hombres
vaciando con palas la parte trasera de sus camionetas. Ellos
estaban felices también; sí, todos estaban riéndose,
como si fuera la Fiesta, no el basurero. Te quería decir:
esto es como me haces sentir, mi querido.

The Miracle As I See It

Janet Holmes

Believe it, they said:
> *you won't be able to drive for them all,*
they flank both sides of the road, and they walk
> *slowly, as if they couldn't get run over*
on their way to Mass. I didn't think
> the world still harbored pilgrims, who'd
show up on this two-lane road in their jogging suits
> carrying staves, carrying crosses,
whole families with children running ahead,
> old people again making the trip they vowed
x number of years ago to make each Lent
> as part of a bargain with God: I didn't think it,
but so it was. At Chimayó, a wall
> is shingled with crutches, and adobe
shelters the healing soil
> from which the miracles fly. Take
a pinch of dust under your tongue, rub some
> on an ulcer—once, I saw someone
snort a portion—then wait
> while the miracle brews to full potency:
and this possibility, this imminence, draws
> bureaucrats from their sad Capitol offices,
technicians from Los Alamos and the common
> factual answers; this
draws them on foot eight miles, eleven, twenty-five,
> and those from Albuquerque walk
almost a hundred. All of them pass my house.

In Española the paper reports one sighting
> of the Devil at Saints and Sinners Bar;
another at the Line Camp; another
> on the road to Peñasco, where, hitching,
he turned down a ride in a pickup
> because the driver's name was Juan. At the bar,
a woman said he was dressed in white,

El Milagro Como Yo Lo Veo

Janet Holmes

Créelo, dijeron:
    Tú no podrás manejar por todos ellos,
ellos flanquean ambos lados del camino, y caminan
    lentamente, como si no podrían ser atropellados
en su camino a Misa. Yo no pensé
    que el mundo aún contenía peregrinos, quienes
se presentarían en este camino de dos carriles en sus trajes de ejercicio
    cargando bastones, cargando cruces,
familias enteras con los niños adelantándose corriendo,
    viejos de nuevo haciendo el viaje que habían jurado
x número de años antes hacer cada cuaresma
    como parte de un pacto con Dios: Yo no lo pensé así,
pero así fué. En Chimayó, una pared
    está tejada con muletas, y adobe da
albergue a la tierra curativa
    de la cual los milagros vuelan. Toma
un pellisco de polvo debajo de tu lengua, úntalo
    en una úlcera—una vez, yo ví a alguien
inhalar una porción por la nariz—para luego esperar
    mientras el milagro se cuece a su plena potencia:
y esta posibilidad, esta iminencia atrae
    burócratas de sus tristes oficinas capitolinas,
técnicos de Los Alamos y las respuestas
    comunes y factuales; esto
los atrae a pie ocho millas, once, veinticinco,
    y aquellos de Albuquerque caminan
casi cien. Todos ellos pasan por mi casa.

En Española el periódico reporta que alguien observó
    el Diablo en el Bar de los Santos y Pecadores;
otra en el *Line Camp*; otra
    en el camino a Peñasco, donde, pidiendo un aventón,
él negó irse en una camioneta
    porque el nombre del chofer era Juan. En el bar,
una mujer dijo que él estaba vestido de blanco,

quite dapper, and had long nails,
but she didn't know until she kissed him
        that he wasn't human. An onlooker guessed
the Devil had a hard time in the Valley—
        it's not Santa Fe, he said, where Satan's
got everyone already.
        At work, no one believes these stories.
They're glad there's no worse news
        for the paper to print; it reminds them
of when the woman making enchiladas
        saw the face of Christ in a tortilla
and straightaway set up a shrine. There are miracles
        and then miracles; thus everyone still asks
one another, *Will you be walking this year?*
        Oh, the answer comes, *I always walk.*

On Good Friday some of the stores close up
        and people take the day off,
parking their cars off Highway 4 in Pojoaque
        early, before it gets hot. Many
think this pilgrimage will help them, even
        if they doubt that dirt from the Sanctuario
actually cures the lame, much less that Christ
        ever reveals himself in a round of bread;
there's a logic to these things in which
        the show of faith—any at all—is the gesture,
regardless of reward. Over coffee I watch
        the morning parade of souls. It is
the miracle as I see it:
        nineteen ninety-one, and a crowd
votes with its feet for the resurrection,
        a heaven of saints, and answers to prayer,
for healing, for sacred earth. If this can be,
        couldn't what's here on the sidelines
be wondrous too: Catalino burning trash,
        me with my cup, someone
retrieving a morning paper? — Not contradictions,
        but people with other means
to what ends for some in Chimayó, new ways
        next to the old, a remarkable dailiness,

bastante apuesto, y que tenía uñas largas,
pero ella no sabía hasta que lo besó
      que él no era humano. Un espectador adivinó
que le fué mal al Diablo aquí en el Valle—
      no es Santa Fe, dijo él, donde Satanás
ya *capturó* a todos.
      En el trabajo, nadie cree en estos cuentos.
Están felices que no hay noticias peores
      para que las imprima el periódico; les recuerda
de cuando una mujer haciendo enchiladas
      vió la cara de Cristo en una tortilla
y luego puso un relicario. Hay milagros
      y hay milagros; así es que todos todavía se preguntan
los unos a los otros, *¿Estarás caminando este año?*
      Oh, viene la respuesta, *yo siempre camino.*

En Viernes Santo algunas de las tiendas cierran
      y la gente toma un día libre,
estacionando sus coches al lado de *Highway 14* en Pojoaque
      temprano, antes de que se ponga caluroso. Muchos
piensan que este peregrinaje les ayudará, aún cuando
      dudan que la tierra del Santuario
en realidad cura a los lisiados, y menos que Cristo
      alguna vez se revela en una torta de pan;
hay una lógica en estas cosas en donde
      la demostración de la fé—cualquiera que sea—es el gesto,
sin importar el premio. Tomando café yo miro
      el desfile matutino de almas. Es
el milagro como yo lo veo:
      mil novecientos noventa y uno, y una multitud
vota con sus pies para la resurrección,
      un cielo de santos, y respuestas a oraciones,
por sanar, por la tierra sagrada. Si esto puede ser,
      ¿no podría ser lo que está aquí a los lados
ser maravilloso también: Catalino quemando basura,
      yo con mi taza, alguien
recogiendo el periódico matutino?—No contradicciones,
      sino personas con otros métodos
para conseguir qué fines para unos en Chimayó, formas nuevas
      junto a las viejas, un estado de lo cotidiano extraordinario

one foot after the other, treading
      calloused parts of ourselves that represent
how difficult it is to believe, to live
      by what we believe, to show whatever we believe in
that we are coming,
      are already on our way.

Notes: The pilgrimage referred to in "The Miracle as I See It" is the Good Friday pilgrimage to the Sanctuario de Chimayó in Chimayó, New Mexico. Chimayó, Nambé, Española, Peñasco, and Pojoaque (pronounced poh-WAH-kay) are all communities in Northern New Mexico.

un pie tras otro, pisando
        partes callosas de nosotros mismos que representan
qué tan difícil es creer, vivir
        por lo que creemos, mostrar a lo que sea en que creemos
que venimos,
        ya estamos en camino.

Notas: La peregrinación a que se refiere en El Milagro Como Yo Lo Veo: es una pereginación de Viernes Santo al Santuario de Chimayó en Chimayó, Nuevo México. Nambé, Española, Peñasco y Pojoaque (pronunciado poh-WAH-kay) son todas comunidades en el norte de Nuevo México.

Walking the Dogs on Horse Mesa

Janet Holmes

White dogs, brown and gray from trail dirt,
buck clouds of it up eagerly with hind paws,
roll to scrape burrs from their muzzles,
chase wild things and leaves.
If we were not so small, they say,
we would hunt with skill to feed you.
We follow them.

Today we don't talk.
Our hands touch. We want
to sit at the tip of the mesa,
stare into the rift valley. They want
to run, sifting fine dust with their coats.
From a rock you name the peaks of the Sangres,
to keep from talking.
Black Mesa is a stump in the valley,
small as a thumb, and the villages,
sunlit, are full of windowpanes
angled to blind us.

How do I feel? As if, in a war,
we were caught in another part of the field,
orders confused, the sounds of battle
almost inaudible. We could think, it is really
a waterfall, and we are not soldiers.
We sit until our shadows cool the rocks,
and the dogs, as if from a skirmish,
come roiling out of the undergrowth,
playing. Barking us up and homeward.
Taking us back to the fight.

Paseando los Perros en la Mesa Caballo

Janet Holmes

Perros blancos, cafés y grises de la tierra,
levantan nubes de ella ansiosamente con las patas traseras,
se revuelcan para quitarse las espinas de sus hocicos,
persiguen cosas salvajes y hojas.
Si no fuéramos tan pequeños, dicen,
nosotros cazaríamos con destreza para alimentarte.
Nosotros los seguimos.

Hoy nosotros no hablamos.
Nuestras manos se tocan. Nosotros queremos
sentarnos en la cima de la mesa,
mirar hacia el valle agrietado. Ellos quieren
correr, esparciendo polvo fino con su pelo.
Desde una roca nombras los picos de las Sangres,
para evitar hablar.
Black Mesa es un tocón en el valle,
tan pequeña como un dedo pulgar, y los pueblitos,
alumbrados por el sol, están llenos de cristales de ventanas
inclinadas para encegarnos.

¿Cómo me siento? Como si, en una guerra
estuviéramos atrapados en otra parte del campo,
órdenes confundidas, los sonidos de la batalla
casi inaudibles. Nosotros podríamos pensar, es realmente
una cascada, y nosotros no somos soldados.
Nos sentamos hasta que nuestras sombras enfrían las rocas,
y los perros, como si de una refriega,
vienen enturbiados de la maleza,
jugando. Ladrándonos como diciendo-"¡levántense, a la casa!"
Llevándonos de regreso a la lucha.

Instinct

Janet Holmes

The aspens got gold on you.
Suddenly, you want
to travel somewhere—
winter
glides its blade
softly against your throat.
Nothing's easy any more.
Your old lovers broke down
like chemicals
and what's left is poison.
The woman you want now
spins in the clear distance
partial as smoke—
somebody else's fires.
In the early dark
ribbons of lamplight
bind the wet road out.
A dangerous season
is coming. Your senses
say South. Go south.
Go.

Stars. Wild Land.

We lie in the small tent. You sleep,
in night as clear and impossible
as what you want from this: wilderness
marked by the same hopeful ellipsis,
Orion. An animal's cry
evokes the cramp of loneliness.

By day I pondered the span of mountains, blue
as the veins in your wrist, as awesomely sad.
Now your back, sharp as pleated rock.
Earth heaves quietly. I am wakeful,
unrhythmic, powerless: and except that you
are beautiful, am sure of nothing.
Am afraid of these stars.

Instinto

Janet Holmes

Los álamos te doraron.
De repente, quieres
viajar a alguna parte—
el invierno
desliza su cuchilla
suavemente contra tu garganta.
Ya nada es fácil.
Tus viejos amantes se deshicieron
como substancias químicas
y lo que queda es veneno.
La mujer que ahora quieres
gira a la clara distancia
parcial como el humo—
fuegos de otras personas.
En la oscuridad temprana
listones de luces de lámpara
enlazan el camino mojado hacia adelante.
Una estación peligrosa
está por venir. Tus sentidos
dicen Sur. Véte al Sur.
Véte.

Estrellas. Tierra Salvaje.

Nosotros nos recostamos en la tienda de campaña pequeña. Tú duermes,
en la noche tan clara e imposible
como lo que quieres de todo esto: tierra salvaje
marcada por el mismo elipsis prometedor,
Orión. El grito de un animal
evoca el calambre de la soledad.

Por día yo consideré la extensión de montañas, azul
como las venas en tu muñeca, igual de tremendamente triste.
Ahora tu espalda, tan filosa como una roca plegada.
Tierra suspira calladamente. Estoy alerta,
fuera de rítmo, sin poder: y a excepción de que tú
eres hermoso, no estoy segura de nada.
Temorosa de estas estrellas.

Past Abiquiu

Robyn Hunt

Double the shade
of green
in driving
a red car through
the early June of
a northern state
blue lawn
furniture
trailer porch
shingled in sand
riverbeds anticipating
In town, trout caught
on the sudden rocks
Here, electric poles
like kachina
frozen in line
catching the sloop of
conversation between
silences
mud blocks beginning
a three sided home
whale stacks of
mountains
the road grey lined
white, lined yellow
not the clouds

but the motion
X's taped on
the windows
of construction

The details are difficult to contain,
are not linear. It wants
to rain. There are valleys,
pink nearly beige, green of olives.
It wants to rain. The smell comes
refreshing. The buildings
have no roofs. We continue.
It rains. I can hardly let the
weight down.

Al Otro Lado de Abiquiu

Robyn Hunt

Doble el matiz
de verde
al manejar
un coche rojo a través
del Junio temprano de
un estado norteño
césped azul
muebles
porche de casa móvil
fijada en arena
lechos de ríos anticipando
En el pueblo, truchas atrapadas
en las rocas repentinas
Aquí, postes de elctricidad
como *kachina*
inmóviles en fila
atrapando
la conversación entre
silencios
bloques de berro comenzando
una casa de tres lados
enormes pilas de
montañas
el camino gris rayado
blanco, rayado amarillo
no las nubes

sino el movimiento
X's pegadas a
las ventanas
de la construcción

Los detalles son difíciles de contener,
no son lineales. Quiere
llover. Hay valles,
rosas casi beige, verde oliva.
Quiere llover. El aroma llega
refrescando. Los edificios
no tienen techos. Nosotros continuamos.
Llueve. Casi no puedo soltar
el peso.

Back to Fall Again

Max Paz Kline

New Mexico is wonderful
with aspens in the fall
yellow leaves falling one by one
        uh oh I have to sweep the porch

and in the winter snowflakes perfectly shaped
all white and sparkly
        oh no I have to shovel snow
what next, ah yes the spring

when the grass turns green
like a miracle
(it bursts through cement!)
        my Dad says I have to help clean the *acequia* this year

finally summer
swish swish through the air
        I'm flying!
the rope is swinging me above the *acequia*
it's red and white
tied to an enormous cottonwood tree

        back to fall again

    New Mexico is home.

Otro Vez el Otoño

Max Paz Kline

Nuevo México es maravilloso
con los álamos temblones en el otoño
hojas amarillas cayéndose una por una
     oh oh tengo que barrer el porche

y en el invierno copos de nieve perfectamente formados
blancos y brillantes
     oh no tengo que espalar la nieve
ahora qué, ah sí la primavera

cuando el pasto se vuelve verde
como un milagro
(¡irevienta por entre el cemento!)
     mi Papá me dice que tengo que ayudar a limpiar la acequia este año

por fin verano
swish swish por el aire
     ¡estoy volando!
la cuerda me columpia encima de la acequia
es roja y blanca
amarrada a un álamo enorme

     otra vez el otoño

Nuevo México es mi hogar.

Haiku from the Acequia

Elizabeth Searle Lamb

contrails cross
above Atalaya Mountain
the bitter cold

the first fall of snow
even quieter, inside
the small adobe

trickster-coyote
graffiti'd on an adobe wall
sudden clap of thunder

Ditch-Cleaning Day
the mayordomo's pickup
has a flat

a plastic rose
rides the old car's antenna—
spring morning

a motorcycle:
circles of dust drift over
the adobe wall

against noon's deep blue
golden leaves of a cottonwood
and a raucous crow

old mission church
pigeons coo in what's left
of the bell tower

piñon smoke
a bright star in the east
and, faintly, bells

Haiku de la Acequia

Elizabeth Searle Lamb

estelas de vapor cruzan
encima de *Atalaya Mountain*
el frío severo

la primera caída de nieve
aún más silenciosa, adentro
del pequeño adobe

embustero-coyote
escrito en *graffiti* en una pared de adobe
truenazo repentino

Día de Limpiar la Acequia
la camioneta del mayordomo
tiene una llanta ponchada

una rosa de plástico
monta la vieja antena-
mañana primaveral

una motocicleta:
círculos de polvo flotan sobre
la pared de adobe

en contraste con el profundo azul del mediodía
hojas doradas de un álamo
y un cuervo ronco

iglesia misión antigua
palomas arrullan en lo que queda
de la torre de campanas

humo de piñón
una estrella brillante en el este
y, tenuosamente, campanas

For Drum Hadley

Harold Littlebird

oh, thank you, cowboy with four wheel drive
for bringing us here
where the hills are worked by erosion
and the sands sing songs to the silvery clouds
where ducks form V's as they fly overhead
and short clear cut whistles are heard as they wing on by
oh thank you cowboy, standing there
where yucca and cedar are everywhere you look
and the air smells thick of sage
oh thank you cowboy, with four-wheel drive
for sharing with me the breezes of the crisp winter sky
and walking the arroyos where every curve is rounded
by melting snow
and a lone cock pheasant croos in the distance
oh thank you cowboy, with big white stetson and red handkerchief
for being in this parched Chimayo land
where my rifles' voice makes songs against the ever-changing
red rock mesas
oh thank you, bearded cowboy
for tasting this day together
with its rocks and arroyos and stubby piñon trees
this is where we are cowboy, and where we'll always be . . .
with the land
oh, thank you, Drum
for bringing us home.

Para Drum Hadley

Harold Littlebird

o, gracias, vaquero con doble tracción
por traernos aquí
donde las colinas son labradas por erosión
y las arenas cantan canciones a las nubes plateadas
donde patos forman V's al volar en lo alto
y silbidos cortos y definitivos se escuchan mientras vuelan encima
o gracias vaquero, parado allí
donde la yuca y el cedro estan por doquiera que miras
y el aire huele densamente a chamisa
o gracias vaquero, con doble tracción
por compartir conmigo las brisas del cielo invernal quebradizo
y por caminar los arroyos donde cada curva es redondeada
por la nieve que se derrite
y un faisán macho solitario canta en la distancia
o gracias vaquero con tu gran sombrero y pañuelo rojo
por estar en esta tierra árida de Chimayo
donde la voz de mi rifle hace canciones contra las mesetas
de roca roja siempre cambiantes
o gracias, vaquero con barba
por haber saboreado este día juntos
con sus rocas y arroyos y gruesos arboles de piñón
aquí es donde estamos vaquero, y donde estaremos siempre . . .
con la tierra
o gracias, Drum,
por habernos traído a casa.

White-Washing the Walls

Harold Littlebird

(For my mother)

"You just mix your sand with a little water . . ."

"How much?"

"Just enough to cover it, and when you put it on
always scoop enough sand in your water and keep
stirring and adding water. When you're ready to
start, at least say a few words to ask for help
and then it will go easier . . ."

this clay, sand-colored and dry, comes from a place near Laguna
the people have known about it for a long time

in a galvanized pan, mixed with warm water, I stir
and break up small hard chunks that crush easily
in my hands
an aroma like when it rains lightly, cool and sweet
fills the sunroom, taking me back years, to my mother's
house in Paguate, the adobe walls have always been
this color and always held this same smell
and in our small home among the grey sage
below Taos Mountain, it continues

Alisando Las Paredes

Harold Littlebird

(Para mi madre)

"Solo mezclas tu arena con un poco de agua..."

"¿Cuánta?"

"Solo lo suficiente para cubrirla, y cuando la aplicas
siempre toma suficiente arena en tu agua y siga
revolviendo y añadiendo water. Cuando estas listo para
comenzar, por lo menos di unas pocas palabras para pedir ayuda
y entonces te irá mejor . . ."

esta arcilla, color de arena y seca, viene de un lugar cerca de Laguna
la gente ha sabido de ella por mucho tiempo

en un perol galvanizado, mezclada con agua caliente, yo revuelvo
y rompo pequeños pedazos duros que se deshacen facilmente
en mis manos
un aroma como cuando llueve livianamente, fresco y dulce
llena el cuarto soleado, llevándome años atras, a la casa de mi madre
en Paguate, las paredes de adobe siempre han sido de
este color y siempre tenían este mismo olor
y en nuestro pequeño hogar entre la chamisa gris
debajo de Taos Mountain, continúa

New Mexican Angels

Joan Logghe

New Mexico's the place the angels go
when they retire. They like the climate.
Craving high altitudes, they lift off altars
of ancient churches to swoop on wings
of flaking paint.

Women call out "Holy!" in the afternoon,
test light between fingers to see if it's done.
There's a powdery residue, the fall-out of God.
Angels settle on red rooftops to sun,
sit on the hood of the shiniest cars,

waving at waitresses in fast food establishments,
a parade of blessings that nobody sees
except a few old ones who are tuned
beyond cash and carry
to the frequency of angel.

Fabrics on girls' bodies fit close.
The man at the drive-in liquor leans out
to see who's coming, thinks, "Spirits,"
but it's angels, heard in scraps of Spanish and music
that wafts from cars.

They can't get enough of love and sorrow,
it spills out onto the town.
They long for Spain before the Inquisition
with vague memories of faint balconies,
women throwing gardenias and bay leaves.

New Mexican angels sigh. The wind whips up
a little and they joust dust devils
for air supremacy. Armed with fragrance
they always win. They lift through apple
about to bloom, and cherry.

That's why the fruit blooms too soon
in Velarde, all along the river.

Angeles Nuevo Mexicanos

Joan Logghe

Nuevo México es el sitio donde van los ángeles
cuando se jubilan. Les gusta el clima.
Ansiando las alturas, se levantan de los altares
de iglesias antiguas para coger al vuelo en alas
de pintura pelada.

Mujeres gritan "Sagrado!" en la tarde,
prueban el aire entre los dedos para ver si está hecho.
Hay un residuo polvoriento, la caída radiactiva de Dios.
Angeles se establecen en techos rojos para asolearse,
se sientan en los cofres de los carros más lustrosos,

saludando a las meseras en los restoranes de servicio rápido,
un desfile de bendiciones que nadie ve
excepto algunos ancianos que están sintonizados
mas allá del compra y venta
a la frecuencia de ángel.

Ajustada les queda la tela en los cuerpos de las jovencitas
El hombre en la ventana de la tienda de licor mira para afuera
para ver quien viene, piensa, "Espíritus",
pero son ángeles, que se escuchan en fragmentos de música hispana
que flota de los automóviles.

Ninguna cantidad de amor y penas los satisface,
se derrama sobre el pueblo.
Añoran España antes de la Inquisición
con vagas memorias de balcones borrosos,
mujeres tirando gardenias y hojas de laurel.

Los ángeles Nuevo Mexicanos suspiran. El viento se agita
un poco y justan en un torneo con los diablos del polvo
para la supremacía del aire. Armados con fragancia
siempre ganan. Se elevan entre manzana
casi en flor, y cereza.

Por eso es que la fruta da flor muy temprano
en Velarde, a lo largo del rió.

Return to Española

Joan Logghe

I was gone two days.
When I got back my children had aged
my husband's beard grown in for winter.
Everyone was driving around town
taking a bite out of a Golden Delicious.
Pumpkins on the stands
and the air was all chiles roasting,
a smell so meaty, romantic, immediate
that I know it is the soul of this valley.

The apple is the heart and the sex
is the cars, sleek and personal
with fur dark interiors.
They are so private
I don't want to talk about it.
And then they stop, mid-road,
grown suddenly gregarious
news shouted between open windows.

I forgot to mention the brain.
The brain is not neon
but the fingers of old ones
that know without telling.
That tamp the roots of new peach trees
say rosaries.

When I leave I think
leaving is where my art lies,
cooler towns with less business.
My norths, my nights awake
where I retreat to flatter my life
feed her a rich imported diet.

It's not like returning to a city
where the air lead-pipes you

Regreso a Española

Joan Logghe

Me fuí por dos días.
Cuando regresé mis hijos habían envejecido
la barba de mi esposo ya crecida y lista para el invierno.
Todos estaban paseándose en coche por el pueblo
tomando un mordizco de una manzana dorada.
Calabazas en los quioscos
y todo el aire era chile horneándose
un aroma tan carnoso, romántico, inmediato
que yo sé que es el alma de este valle.

La manzana es el corazón y el sexo
es los carros, lisos, brillantes, personales
con interiores como de piel oscura.
Son tan privados
que ni quiero hablar de ellos.
Y entonces se paran, en la mitad de la calle,
de repente gregarios
las noticias gritadas entre ventanas abiertas.

Me olvidé mencionar el cerebro.
El cerebro no es neón
sino los dedos de los ancianos
que saben sin decirlo.
Que apisonan las raíces de los nuevos arbolitos de durazno
rezan rosarios.

Cuando me voy pienso que
irme es donde está mi arte,
pueblos más frescos con menos negocio.
Mis nortes, mis noches despierta
donde me retiro para echarle flores a mi vida
alimentarla con una dieta rica, importada.

No es como volver a una ciudad
donde el aire de plomo te azota

where you crawl up to your apartment
and don't know if you're home.
Coming back in like whitewalls and new rims,
to a town where I get flats fixed,
curse traffic, pray my way home.

The man I saw first was the butcher.
His sausage sculpted
into a hog, poked eyes,
pinched ears,
nose flat against the glass.
Our mom and pop grocery,
rare these days
as our mom and pop family
as cottonwood leaves in November
purple low riders and soul.

donde te arrastras a tu apartamento
y no sabes si has llegado a casa.
Regresando como neumáticos blancos con aros nuevos,
a un pueblo donde me arreglan las llantas ponchadas,
donde maldigo al tráfico, y mis oraciones me llevan a casa.

El primer hombre que ví fue el carnicero.
Su chorizo esculpido
como un cerdo, ojos agujereados,
orejas pellizcadas,
nariz achatada contra el vidrio.
Nuestra tiendita cuidada por mami y papi
rara en estos días
como nuestra familia cuidada por mami y papi
como las hojas del álamo en Noviembre
low riders morados y alma.

Dead Horse Point

Robert Hill Long

A thousand feet above the Colorado we sat
in shallow arroyo of redrock and sand,
drinking from a bottle of ruby shiraz
that gave off the high smell of a horse
ridden hard through miles of darkening sage.
Last light vanished off your thick red hair
like flame vanishing off a live coal:
I wanted to heat my hands over it
but held back, touching you only in passing
the wine's warmth back and forth
as you tried one name after another
for the unborn boy just barely pushing
your belly outward. None of your names lit,
and no others came to me: we finished
the wine as swifts shuttled overhead
through a deepening violet chill.
Red mesas to the east went gray, darkness
rose to the brim of the river canyon;
we were left with a faint glow of white sand
to see us out of the arroyo to the tent.
Ten years have gone dark since that night
and I have enough darkness behind me now
to see what was about to become of us.
A child, we say. But it was a country
taking shape in us, redrock and sage
and swifts and canyon light taken in,
compressed into blood, bone and breath.
That country looks out through the eyes
of our boy, and sees us dying to come
back to it; its white water runs
through his laughter, its sage
and dark wine is in his sweat. As he grows,
that country grows wider, and darker:
when he leaves us, that country will be
a step away in any direction. Already

Dead Horse Point

Robert Hill Long

Mil pies encima del Colorado nos sentamos
en un arroyo somero de roca rojiza y arena,
bebiendo de una botella de *shiraz* rubí
del cual emanaba el alto olor de caballo
montado duro por entre millas de chamisa oscura.
La última luz se desvaneció de tu cabello grueso, rojo
como llama desvaneciendo de un carbón prendido:
Quería calentar mis manos sobre él
pero me detuve, tocándote solo al pasar
el calor del vino de aquí para allá
mientras tú probaste un nombre tras otro
para el niño no nacido aún que recién comenzaba a empujar
tu barriga para afuera. Ninguno de tus nombres encendió,
y ningún otro me vino: acabamos
el vino mientras vencejos iban y venían encima de nosotros
y un frío violeta se profundizaba.
Mesas rojas hacia el este se tornaron grises, la oscuridad
subió a la orilla del cañón del río;
nos quedamos con un débil ardor de arena blanca
para guiarnos del arroyo a la carpa.
Diez años se han oscurecido desde aquella noche
y tengo suficiente oscuridad atrás de mí ahora
para ver lo que nos estaba a punto de suceder.
Un niño, decimos. Pero era un país
tomando forma dentro de nosotros, roca rojiza y chamisa
y vencejos y luz del cañón absorbidos,
comprimidos a sangre, hueso y aliento.
Ese país mira para afuera por entre los ojos
de nuestro niño, y nos ve muriéndonos de ganas de
regresar a él; su agua blanca corre
entre su risa, su chamisa
y vino oscuro está en su sudor. Mientras crece el niño,
ese país se vuelve más amplio, y oscuro:
cuando nos deja, ese país estará
a un paso en cualquier dirección. Ya

each white hair I lose is taken
to a swift's nest there; each trace
of skin you rub off against me falls
into white sand where no one but us
will walk. There is much of us still
to be weathered, scarred, levelled
and scattered. Erosion is as strong
as love, and longer than memory.
At Dead Horse Point all I knew
was how utterly I wanted the red dust
of your hair and the white dust
of my hand's bones to me mixed together
so that if I disappeared, it would be
only to go where you close your eyes
and find me drinking wine by a fire,
waiting to warm my hands once more
in your astonishing hair. Where all
we know about love is the brief red
cactus flower closing up for the night—
closing faster because we touched it.

cada cabello blanco que pierdo es llevado
al nido de un vencejo allá; cada rastro de piel
que dejas al frotarte contra mí cae
dentro de arena blanca donde solo nosotros
caminaremos. Todavía queda mucho de nosotros
para descartar, cicatrizar, arrasar
y dispersar. La erosión es tan fuerte
como el amor, y más larga que la memoria.
En Dead Horse Point lo único que yo sabía
era como totalmente yo deseaba que el polvo rojo
de tu cabello y el polvo blanco
de los huesos de mi mano se mezclaran juntos
para que si yo desapareciera, sería
nada más para ir donde cierras los ojos
y me encuentras bebiendo vino al lado de un fuego,
esperando calentar mis manos otra vez
en tu cabello asombroso. Donde todo
lo que sabemos del amor es la breve roja
flor de cacto cerrándose para la noche—
cerrándose mas rápido porque la tocamos.

Taos

Consuelo Luz

Taos
I came to you, naked
like a woman giving birth
ready to scream
and let go of my dark history
You held me in your humble, glorious arms
made of beauty impossible to explain

Under the apricot trees
bursting with shameless sweetness
I peeled off the ancient tired garments of my skin that reeked
of another time.
We burnt them, you and I, and danced around the fire
eyes glowing with the reflection of centuries of ancestral
burdens becoming smoke and drifting up into a place that swallows
memories and turns them into sky and songs and food for the
Angels who write in the Book of Time.

My heart was now yours to mold
to teach in the ways of a life lived with hands inside the earth
and deep, simple music in the soul.

I married your fertile soil and was welcomed with love too real
to comprehend, like spring.
Saint Francis had something to do with it
And the blessings of wind and destiny
that carry pregnant seeds and deliver them to God.

Taos

Consuelo Luz

Taos
Yo llegué a ti, desnuda
como una mujer dando a luz
preparada a gritar
y soltar mi historia oscura
Tú me tomaste en tus brazos humildes y gloriosos
hechos de belleza imposible de explicar

Debajo de los árboles de albaricoque
estallando con dulzura descarada
pelé las antiguas y cansadas capas de mi piel
que olían de otro tiempo.
Las quemamos, tú y yo, y bailamos alrededor del fuego
ojos ardiendo con el reflejo de siglos de cargas ancestrales
volviéndose humo y subiendo a un lugar que traga memorias y
las convierte en cielo y canciones y comida para los Angeles
quienes escriben en el Libro del Tiempo.

Mi corazón era tuyo ahora para moldear
para enseñar en los modos de una vida vivida con manos adentro
de la tierra y música profunda y simple en el alma.

Me casé con tu tierra fértil y me acogieron con amor tan real e
incomprehensible, como la primavera.
El Santo Francisco tuvo algo que ver
Y las bendiciones del viento y el destino
que se llevan semillas embarazadas y se las entregan a Dios.

New Eyes

Consuelo Luz

Today I asked for new eyes
I must forget everything I know
In this way I can see in my child's face just an open possibility
                                    of joy
And the raging teenager who ran away is a tender clown in search
  of her glory

With my new eyes
I wake up to a different life
I walk down the road to my house
    as if for the first time
The breathing intimacy of this canyon valley
      becomes
          a picture postcard
     of a magical place somewhere where I would love to live
Who really is the person sleeping next to me?
    A bluejay this morning is a descendant of an ancient
prehistoric flying creature from the Age of Birds
The woodpile waits for winter

I greet myself in the mirror with a willingness to be nameless
I am aware of my opinion of my neighbor, I create a new opinion
    and my heart opens

Can this be the latest gift from God? New eyes?
Instead of problems I see solutions
Instead of fear I see choice
Should we not eliminate beliefs then and all live in a paradise
  of new eyes and no opinions
    till one day, perhaps, Some One descends from the heavens
to tell us what is real?

But a voice reaches up from the dark, wet soil, a tangled mess
        with a purpose, *una anciana memoria de la Virgen Primordial*
And like the bluejay guards devotedly the ancient secret of

Ojos Nuevos

Consuelo Luz

Hoy día pedí ojos nuevos
Tengo que olvidarme de todo lo que sé
De esta manera puedo ver en la cara de mi hijo solo una
posibilidad abierta de alegría
Y la adolescente furiosa que se fugó es una tierna payasa en
busca de su gloria

Con mis ojos nuevos
despierto a una vida diferente
Camino por la calle hacia mi casa
como por primera vez
La familiaridad que respira en este valle del cañón
se convierte
en una tarjeta postal
de un sitio mágico donde me encantaría vivir
¿Quién es esta persona que duerme a mi lado?
Un pájaro azul esta mañana es un descendiente
de una criatura voladora prehistórica de la Edad de Pájaros.
La leña espera al invierno

Me saludo en el espejo dispuesta a no tener nombre
Estoy conciente de mi opinión de mi vecino, creo una opinión
nueva y mi corazón se abre

¿Puede ser esto el último regalo de Dios? ¿Ojos nuevos?
En vez de problemas veo soluciones
En vez de miedo veo alternativas
¿No debemos entonces eliminar las creencias y todos vivir en un paraíso
de ojos nuevos y sin opiniones
hasta que un día desciende Alguien para decirnos lo que
es de verdad?

Pero una voz sube de la tierra oscura y mojada, un lío enredado
con propósito una anciana memoria de la Virgen Primordial
Y como el pájaro azul protege con devoción el secreto antiguo

  flight in its wings
so I return to an ancient memory where fires burn and visitors
  from
other worlds endow us with *espíritu* of worship and wisdom

We were given laws that can guide us to beauty and justice
the Earth reminds us as we poison her and us

I return my new eyes
and the new becomes familiar once again
My bed becomes a safe place
My children, souls entrusted to my care in need of nurturing
  and discipline
I have a name so that I can be counted on

If we could hear the trees screaming perhaps we would be more
  careful of what we buy and burn
My house is not a picture on a postcard
Its thick adobe walls are held together with the mud of tears
  the straw of laughter
and a ferocious commitment to love
With the burden and joy of *familia*
   we reach out to a valley and community
    throbbing with doubt and hope
the wood piled up for winter alive with the tenderness of
   sacrifice

my heart opens in spite of my opinion

I sing at my neighbor's funeral
I take my last jar of apricot jam from last year's apricots
(they froze this year)
to the husband and kids she left behind
she was only 43
she loved her valley
she loved her family
she loved to joke

I saw her with new eyes as she lay in the blue satin-lined coffin
but I will remember her with my old eyes

del vuelo que contiene sus alas
así yo retorno a una antigua memoria donde arden fuegos y visitantes
   de
otros mundos nos dotan con espíritus de adoración y sabiduría

Se nos dió leyes para guiarnos a la belleza y a la justicia
nos recuerda la Tierra mientras la envenenamos a ella y a nosotros

Devuelvo mis ojos nuevos
y lo nuevo se vuelve familiar otra vez
Mi cama se convierte en un lugar seguro
Mis hijos, almas encomendadas a mi cuidado que necesitan
   caricias y disciplina
Tengo un nombre para que el mundo pueda contar conmigo

Si pudiéramos oír los árboles gritar quizás tendríamos más
   cuidado con lo que compramos y quemamos
Mi casa no es una tarjeta postal
Sus gruesas paredes de adobe se mantienen unidas con barro de lágrimas
   paja de risa
y un compromiso feroz al amor.
Con el peso y la alegría de familia
   estrechamos los brazos hacia un valle y una comunidad
      pulsando con duda y esperanza
la leña amontanada para el invierno viva con la ternura del
   sacrificio

Mi corazón se abre a pesar de mi opinión

Canto en el funeral de mi vecina
Llevo mi último jarro de mermelada de albaricoque del año pasado
(se helaron este año)
al marido e hijos que dejó atrás
tenía solo 43 años
amaba su valle
amaba su familia
amaba los chistes

La ví con mis ojos nuevos acostada en el ataúd forrado de raso azul
pero me acordaré de ella con mis ojos viejos

And I will ask for new eyes again
when I need
to wash some windows that are clouding up my vision
I will ask for new eyes again
when I keep swimming in the same stagnant pool
and I will ask for new eyes again
when my friends are fighting
and we need a new path to peace

but I want New Mexico in the fall
I want my lover when his hair is long
I want to know that this is home
and recognize the trees that line the pathway to my door
I want to water the roots that nourish me
and love the people who also call this home
Quiero cantar con la gente del corazón
y rezar al amor de los amores

I want to be familiar
because the soul has old eyes.

Y sí pediré ojos nuevos otra vez
cuando necesito
lavar unas ventanas que están anublando mi visión
Sí pediré ojos nuevos otra vez
cuando sigo nadando en agua estancada
y sí pediré ojos nuevos otra vez
cuando mis amigos están peleando
y necesitamos un nuevo camino a la paz

pero quiero Nuevo México en el otoño
quiero a mi amante con su pelo largo
quiero saber que este es mi hogar
y reconocer los árboles que forman hilera a lo largo del camino a mi puerta
quiero regar las raíces que me nutren
y amar a las personas que también llaman a este sitio su hogar
Quiero cantar con la gente del corazón
y rezar al amor de los amores

Quiero ser familiar
porque el alma tiene ojos viejos.

Las Cruces

Amalio Madueño

Garcia throws horseshoes drunk
Admiring dustclouds ascending.
The sun goes down
In flames behind black
Buttes. Scattered adobes
Sing happily. The yuccas
Too, are weaving drunk.

A fine party, ese.
Everyone knows the world
Will go on, and on and on,
(Though we foresee our single
Deaths) keep spinning
And pouring out pink
And purple clouds, radiating
Halos and coronas. Wild
Thoughts! Urgent phone calls!

Rey who plays guitar,
Maria who loves men,
Juan who's been to prison,
Tom whom everyone feels
Sorry for, settling
In for eternity.

Garcia leans on the adobe
Drunk, feeling sick
At the thrum of the earth, the dancing,
And thinks, "Why should we ever
Stop dancing? Why
Kneel tomorrow in church
Before cross and holy mother?"

Between adobe and yucca
Sick, silent, meditating
Garcia kneels in the dirt
Giving thanks that life
Wells up inevitably.

Las Cruces

Amalio Madueño

García, borracho, tira herraduras al hito
Admirando nubes de polvo ascendiendo.
El sol se pone
En llamas detrás de terromonteros
Negros. Adobes esparcidos
Cantan felices. Las yucas
También, en vaivén borrachas.

Una buena fiesta, ese.
Todos saben que el mundo
Seguirá y seguirá y seguirá,
(Aunque prevemos nuestras Muertes
aisladas) seguirá girando
Y derramando nubes color rosa
Y morado, irradiando
Halos y coronas. Locos
Pensamientos! Urgentes llamadas telefónicas!

Rey quien toca guitarra,
María quien ama a los hombres,
Juan quien ha estado en la cárcel,
Tom a quien todos le tienen
Pena, estableciéndose
Por la eternidad.

García se apoya en el adobe
Borracho, se siente enfermo
Al rasgueo de la tierra, el baile,
Y piensa, "¿Porqué parar
De bailar? ¿Porqué
Arrodillarnos mañana en la iglesia
Ante cruz y santa madre?"

Entre adobe y yuca
Enfermo, callado, meditando
García se arrodilla en la tierra
Dando gracias que la vida
Surge inevitablemente.

Chimayo

Amalio Madueño

I've never lived in Chimayo.
Basically I'm from Chimayo.
That's the reason I'm quiet, passionate—
Secretive. Each paseo keeps its secret.
Secrets simmer in the paseo's mirage
Just beneath the surface of the vast.

The secret love that fills my work
Comes from Chimayo: from its black nights
Teeming with coyotes and stars
And my habit of going with the flow
Which causes me so much trouble . . .

Just look at my desktop, things collected
From everywhere but Chimayo:
The small turquoise mask,
The photo of a one-man band,
The painted statue of Saint X, missing a hand.
And don't forget this arrogance, the downturned
Corners of my mouth under dark lenses . . .

I'm doing OK now after years of poverty.
I've got my own program, time for tennis
in the afternoon. And Chimayo
Still bakes in the sun, hardens in the cold
Sacred blood of the penitentes drawing
Me closer and closer to where I've never been.

Canjilon

What can we do for the doomed mesas,
The sinking blackness of their disbelief?
We sigh out to their hunkered strength
Dreaming their permanence as we slide.
And never approaches doubt of their density
The certainty of their blue demise.
For doesn't there seep continually
Through them the corrosive liquid
Pressure of our plans, our news,
Our accomplishments, us?

Chimayo
Amalio Madueño

Nunca viví en Chimayo.
Básicamente soy de Chimayo.
Es por eso que soy callado, apasionado —
Reservado. Cada paseo guarda su secreto.
Los secretos tiemblan en el miraje del paseo
Justo debajo de la superficie del vasto.

El amor secreto que llena mi trabajo
Viene de Chimayo: de sus noches negras
Llenas de coyotes y estrellas
Y mi costumbre de dejarme llevar por la corriente
Que me mete en tantos apuros...

Solo miren encima de mi escritorio, cosas colectadas
De todas partes excepto de Chimayo:
La pequeña máscara de turquesa,
La foto de la banda compuesta de un hombre,
La estatua pintada de Santo X, que le falta una mano.
Y no se olviden de mi arrogancia, las comisuras descendentes
de mi boca debajo de los lentes oscuros . . .

Me va bien ahora después de años de pobreza.
Tengo me propio programa, tiempo para tenis
en las tardes. Y Chimayo
Todavía se cuece en el sol, se endurece en la fría
Sangre sagrada de los penitentes acercándome
más y más a donde nunca he estado.

Canjilón

¿Qué podemos hacer para las mesas condenadas,
Su incredulidad negra que se hunde?
Suspiramos hacia su fuerza cimentada
Soñando su permanencia mientras nos resbalamos.
Y nunca se acerca la duda de su densidad
La certeza de su fallecimiento azul.
¿No se filtra contínuamente
Por ellas la corrosiva y líquida
Presión de nuestros planes, nuestras noticias,
Nuestros logros, nosotros?

La Coqueta

E.A. Mares

A true flirt,
She has so many names.
La huesuda, la flaca,
la calaca, la hedionda,
la tiznada, la fregada,
la tia Sebastiana,
To name only a few.

In the market at Morelia
A young man running with a side of beef
Bumps into me.
The blood smears the back of my shirt.
I know that she is flirting again.
She's brushed up against me,
Left me a token of her esteem,
That bony faced woman.

She knows I tried to find amulets
With her rictus smile
To hang from a rear view mirror of my car.
She knows that at least I tried
To stuff her image into a morral
But that day she was not in the market.
That's why she smiled at me on the road
from Matehuala to San Luis Potosi
When the van hydroplaned out of control.
Pues no pasó nada.
N'hombre! No me digas.

She smiled again on the road
Between Guadalajara and Tepic
When I hydroplaned again in the Ford van,
Smashed against a guard rail,
Went hurtling across the road
Into the oncoming headlights.

La Coqueta

E.A. Mares

Una verdadera coqueta,
Tiene tantos nombres.
La huesuda, la flaca,
la calaca, la hedionda,
la tiznada, la fregada,
la tía Sebastiana,
para solo nombrar unos cuantos.

En el mercado en Morelia
Un hombre joven corriendo con un costado de carne de res
Se tropieza conmigo.
La sangre se unta en la espalda de mi camisa.
Sé que está coqueteando otra vez.
Se ha rozado contra mi cuerpo,
Me ha dejado un recuerdo de su estimo,
Esa mujer de cara huesuda.

Ella sabe que traté de buscar amuletos
Con su sonrisa rictus
Para colgar del retrovisor de mi coche.
Ella sabe que por lo menos traté
De atestar un morral con su imágen
Pero ese día no estaba en el mercado.
Por eso me sonrió en el camino
de Matehuala a San Luis Potosí
Cuando la camioneta se deslizó fuera de control.
Pues no pasó nada.
N'hombre! No me digas.

Ella me sonrió otra vez en el camino
Entre Gudalajara y Tepic
Cuando otra vez me deslizé en la camioneta Ford,
Choqué contra un guardalado,
Me fuí volando a través del camino
Hacia los faros que se aproximaban.

This is it, I thought
This is really it.
The oncoming headlights
moved to the right,
then vanished. No collision.
Oh, she had a good laugh that time.

I know we're on good terms,
That old flirt and me,
Esa pelona, cabrona, la desdentada,
La mala cara, la bribona,
La roñosa, la harapienta,
La chingada, la muerte,
Death with all her alluring names.

Come
Boney Faced Woman,
Skinny One, Skull Face,
Bald Headed One, Bitch,
Stinking One, Toothless One,
Soot Covered One, Sour Face,
Screwed Up One, Rascal,
Grim faced Aunt Sebastiana,
Ragged One, Dirty One,
Fucked Up One,
Come, let us dance
On and on together,
Always laughing and dancing
We're two of a kind.

Hasta aquí no más, pensé.
Orale! que hasta aquí no más.
Los faros
se movieron hacia la derecha,
y desaparecieron. No hubo colisión.
O, se dió una buena carcajada esa vez.

Nos la llevamos bien,
Esa vieja coqueta y yo,
Esa pelona, cabrona, la desdentada,
La mala cara, la bribona,
La roñosa, la harapienta,
La chingada, la muerte,
Muerte con todos sus nombres encantadores.

Ven
Mujer de Cara Huesuda,
La Flaca, Cara de Calavera,
La Calva, Perra,
La Hedionda, La Desdentada,
La Tiznada, La Mala Cara,
La Fregada, Cabrona,
Dona Sebastiana,
La Harapienta, La Hedionda,
La Chingada,
Ven, vamos a seguir
y seguir bailando juntos,
Siempre riéndonos y bailando,
Somos cortados del mismo molde.

Forms of the Earth at Abiquiu
for Georgia O'Keeffe

N. Scott Momaday

I imagine the time of our meeting
There among the forms of the earth at Abiquiu,
And other times that followed from the one—
An easy conjugation of stories,
And late luncheons of wine and cheese
All around there were beautiful objects,
Clean and precise in their beauty, like bone,
Indeed, bone: a snake in the filaments of bone,
The skulls of cows and sheep;
And the many smooth stones in the window,
In that flat winter light, were beautiful.
I wanted to feel the sun in the stones—
The ashen, far-flung winter sun.
And then, in those days, too,
I made you the gift of a small, brown stone,
And you described it with the tips of your fingers
And knew at once that it was beautiful—
At once, accordingly you knew,
As you knew the forms of the earth at Abiquiu:
That time involves them and they bear away,
Beautiful, various, remote,
In failing light, and the coming of cold.

Formas de la Tierra en Abiquiu
para Georgia O'Keeffe

N. Scott Momaday

Me imagino la hora de nuestro encuentro
Allí entre las formas de la tierra en Abiquiu,
Y otras encuentros que siguieron al primero—
Una conjugación fácil de cuentos,
Y almuerzos tardes de vino y queso.
Por todos lados habían objetos bellos,
Limpios y precisos en su belleza, como hueso.
De veras, hueso: una culebra en los filamentos de hueso,
Las calaveras de vacas y borregos;
Y las muchas piedras suaves en la ventana,
En la luz plana de invierno, eran bellas.
Yo quería sentir el sol en las piedras—
El lejano sol fresnal de invierno.
Y entonces, en esos días, también,
Te regalé una pequeña piedra morena ,
Y tú la describiste con las puntas de los dedos
Y supiste en seguida que era bella—
En seguida, de acuerdo tú supiste,
Igual que supiste las formas de la tierra en Abiquiu:
Que el tiempo las involucra y siguen aguantando,
Bellas, varias, remotas,
En la luz que falla, y la venida del frío.

Ribera

Linda Monacelli-Johnson

When I meet an expanse of mesas
halfway to Ribera, the muscles
in my shoulders relax; the week's
business, like a thick wool blanket,
slides off my back; my eyes become ravens

playing with cumulus. Off the highway
the village's dirt
road, a washboard
in places, slows
my soaring
to a burro plod.
Growing sluggish,
I can only think
of an afternoon nap,
but you greet me fresh and excited

from painting in new places. The outside walls
of Nicasio's wing off an old farmhouse are exposed
adobe. Inside this place you're house-sitting
it's cool but bright. Floors of his hand-
made tiles are earth and blue. Ceilings are latilla
patterns between heavy vigas. Janie's whimsical
watercolors and painted tiles, her inspiring
swatches and trinkets are sprinkled
everywhere. Later we'll walk through a pasture
to reach the Pecos River. For a while we sit inside,
looking at your work. Then you want to drive
me to an old Spanish town
you have been painting. We thread
our way through
villages. Abandoned
cars, metal
sculpture, lean
into the hills. Tin

Ribera

Linda Monacelli-Johnson

Cuando me encuentro con una extensión de mesas
a mitad de camino a Ribera, los músculos
en mis hombros se relajan; los quehaceres
de la semana, como una gruesa manta de lana,
se deslizan de mi espalda; mis ojos se vuelven cuervos

jugando con cúmulo. Dejando la carretera
el camino de
tierra del pueblito, un lavadero
en ciertos lugares, demora
mi vuelo
a un paso de burro.
Me entra la pereza,
Solo puedo pensar
en una siesta de tarde,
pero me saludas fresca y excitada

de pintar en lugares nuevos. Las paredes de afuera
de la ala de Nicasio añadida a un cortijo viejo son adobes
expuestos. Dentro de este lugar estás cuidando la casa
está fresco pero brillante. Los pisos de sus azulejos hechos
a mano son de tierra y azul. Los techos son patrones de latillas
entre vigas pesadas. Las acuarelas caprichosas y los azulejos pintados de
    Janie, sus inspiradores
muestrarios y chucherías están esparcidos
por todas partes. Más tarde caminaremos por un prado
para llegar al Río Pecos. Por un tiempo nos sentamos adentro,
mirando tu trabajo. Entonces quieres llevarme en coche a
un viejo pueblo español
que has estado pintando. Serpenteamos
por entre
pueblitos. Carros
abandonados, esculturas
de metal, se recuestan
en las colinas. Tejados

roofs, some rusted,
some painted, some
silvery new, and fields,
in various modes, fallow,
plowed, and sewn,
piece together
a patchwork, a rumpled
crazy quilt. We arrive
at the town I'd seen sprouting
on canvas. You show me your vantage
point, a ridge

on the outskirts. Returning,
we pass again
a worn adobe barn, a row of cottonwoods
I recognize this time from faint
beginnings on paper,
a full-leaved, close-up view
as yet vaporous
as budding
trees seen from a distance.

de hojalata, algunos oxidados,
algunos pintados, algunos
plateados nuevos, y prados
de varios modos, barbechados,
arados, y sembrados,
cuadros, a coser
una colcha de retacitos, un arrugado
centón. Llegamos
al pueblo que yo había visto brotando
del lienzo. Me muestras tu vista
ventajosa, un barranco

en las afueras. Regresando,
pasamos otra vez
un granero de adobe deteriorado, una fila de álamos
Reconozco esta vez de vagos
comienzos en papel,
una vista de cerca, llena de hojas,
todavía vaporosa
como árboles vistos de lejos
en flor.

Unweaving My Tongue

Raquel Montoya

I, too, am of mixed race.

I understand the hatred
inherent in that loving.

The first time I remember
is kindergarten.
My father was coming to school
I watched out the window, waiting.

Until he was there
filling the room with his brooding darkness.
We were ushered outside
I heard the echoing of bells and remembered
the musty smell of turkey feathers
dyed, woven together to form heavy wings,
an Eagle headdress.

I stood outside with the others
an alien chanting crackled
an Eagle emerged from the classroom
dancing, spiralling toward us.

(Each movement a part of the drums. Taped voices of my uncles,
cousins, humming. He dances and circles. One of us screams,
running inside, crying terrified tears. He circles and dances
Flows with the chanting and drumming.)

Children stand, awed.

That day, I became utterly different.

I begin to understand the color of my skin,
my Indian name of Eachurd
Silk of the Corn
the smoothness of my hair.

I grow slowly
in Spain and England
I learn to speak aristocratic English, Castilian Spanish.
Birthdays bring packages from Isleta
books, Knowing Your Indian Heritage,

Destejiendo Mi Lengua

Raquel Montoya

Yo, también, soy de raza mestiza.

Comprendo el odio
inherente en ese querer.

La primera vez que me acuerdo
es el jardín de la infancia.
Mi padre venía a la escuela
Yo vigilaba por la ventana, esperando.

Hasta que llegó
llenando el cuarto con su oscuridad melancólica.
Nos guiaron afuera
Escuché el eco de campanas y me acordé
del aroma almizcleño de las plumas de pavo
teñidas, tejidas juntas para formar alas pesadas,
un tocado de águila.

Me paré afuera con los otros
un canto ajeno crujió
una Aguila emergió del salón de clase
bailando, dando vueltas hacia nosotros.

(Cada movimiento una parte de los tambores. Voces grabadas de mis tíos,
primos, tarareando. El baila y va en círculos. Uno de nosotros grita, corre
para adentro, llorando lágrimas aterrorizadas. El va en círculos y baila.
En ritmo con el canto, el tamboreo.)

Los niños, quietos en su asombro.

Ese día, yo cambié completamente.

Comienzo a entender el color de mi piel,
mi nombre indio de Eachurd
Seda del Maíz
la suavidad de mi pelo.

Crezco lentamente
en España e Inglaterra
Aprendo a hablar el inglés aristocrático, el español Castellano.
Los cumpleaños traen paquetes de Isleta
libros, Conociendo Tu Herencia India,

turquoise crosses I never wear,
silver bracelets with roadrunners,
chasing each other endlessly.

My father dances for carnivals, fairs
teaching them a part of me
I do not know.
I learn to sit Indian-style,
to be ashamed of savage red Indians,
heretical medicine men.
I am asked why my skin is brown
why my eyes are black.
I learn to lie.

We move to Albuquerque.
I am told I am coming home.
I meet my grandparents again
We remember each other nine years younger
My giggling ponytails have become bitter tears.

I learn to define expatriate
My English accent sputters and tumbles to rest
at my feet.

My mother is Australian
My father, Pueblo
I can't explain fast enough

I
cannot
stand
and
speak
loudly.

The shame runs too deep.

My mind is coming home.
I have swept my Indian beneath my White.

I unweave family twine
and expose the bareness of my skin.

cruces de turquesa que nunca me pongo,
pulseras de plata con correcaminos,
persiguiéndose sin fin.

Mi padre baila en carnavales, ferias
enseñándoles una parte mía
que no conozco.
Aprendo a sentarme estilo indio,
a avergonzarme de los indios rojos salvajes,
los curanderos heréticos.
Me preguntan porqué es morena mi piel
porqué son negros mis ojos.
Aprendo a mentir.

Nos mudamos a Albuquerque.
Me dicen que regreso a casa
Me reúno con mis abuelos otra vez
Nos recordamos nueve años más jóvenes
Mis coletas haciendo risitas se han convertido en lágrimas amargas.

Aprendo a definir *expatriado*
mi acento inglés balbucea y se derriba hasta que llega a descansar
en mis pies.

Mi madre es australiana
mi padre, Pueblo
No lo puedo explicar con suficiente rapidez

Yo
no puedo
pararme
y
hablar
fuerte.

La vergüenza corre demasiado profundo.

Mi mente está regresando a casa.
He barrido mi indio debajo de mi blancura.

Destejo cuerda de familia
y expongo la desnudez de mi piel.

Outhouse

Cathryn McCracken

I have loved this little house,
it's homely function, the honesty of the hole,
ashes dumped ceremoniously after,
even the ant that bit last year.
Hollyhocks might frame it, surround and
sanitize, but we have trees planned.
Already this spot anticipates Russian olives.

The view is good: lowflying sweep of marshhawk
announces fenceposts, and the clear purple
shadows of dawn creep below an enormity of sky.
At the fenceline, piñon lumps cold against willow,
but there is little wind; body heat stays trapped in the shell.

Once, as I sat, a great horned male
announced silence in unimaginable beauty.
Some mornings, thought presents against clarity
with the same feathered burst, in a huge
plummet of startled wonder, and the mice
scatter and burrow below, as the voice of god
sheathes the air in gold, a shaking either
beneath understanding or beyond it.

I can't tell you what happens,
when these morning spirits precipitate dawn,
but meadow larks recreated Eden once as I sat here.
And of course, you can always plant a tree,
when the hole is full
and it's time to move on.

El Común

Cathryn McCracken

He querido mucho a esta casita,
su función sencilla, la honestidad del hueco,
cenizas tiradas con ceremonia después,
hasta la hormiga que mordió el año pasado.
Los barros de San José podrían cercarla, rodearla en un
cordón sanitario, pero tenemos planeado árboles.
Este lugar ya anticipa olivastros.

La vista es buena: una barrida de halcones de pántano volando bajo
anuncia los postes de las cercas, y las sombras, claras y moradas
del amanecer se acercan debajo de una enormidad de cielo.
Al lado de la cerca, piñón se amontona frío contra sauce,
pero hay poco viento; el calor del cuerpo queda atrapado dentro de la cubierta.

Una vez, mientras estaba sentada, un gran macho cornudo
anunció el silencio en belleza inimaginable.
Algunas mañanas, el pensamiento presenta contra la claridad
con ese mismo estallido emplomado, en una enorme
plomada de asombro sorprendido, y los ratones
se dispersan y se esconden debajo de la tierra, mientras la voz de Dios
envaina el aire de oro, un sacudido, o
debajo del entendimiento o mas allá de él.

No les puedo decir lo que pasa,
cuando estos espíritus de la mañana precipitan la madrugada,
pero los chirlotas recrearon a Edén una vez cuando yo estaba sentada aquí.
Y, claro, siempre puedes plantar un árbol,
cuando el hueco está lleno
y es hora de seguir el camino.

New Mexico Time

Mary McGinnis

after living here for 12 years
we are beginning to learn
the names of a few flowers and birds
in another eight
we will have forgotten these words
but we will know how to go sleeveless
in intense heat and cold
in another fifteen
our homesickness
will return only in blurred sleep
there will be
large empty spaces between our words
our thoughts will circle outward
like the birds flying over cliff dwellings making no sound
you will seldom hear
the soft feather of my voice
more and more often
you will speak to me only
with your delicate, shell-like hands.

Beyond Feather and Bone

(*Ghost Ranch, Abiquiu, New Mexico*)

If not the charged air from lightning
dancing around my shoulders,
the pieces of silence between raindrops,

the sound of the boy drinking his drink—
through a straw on the porch,
or the housewife playing her flute—

I'm going to be a bird next time,
light and full of nothing but eyes,
who leaves one feather in the hymnal

Tiempo Nuevo Mexicano

Mary McGinnis

después de vivir aquí por 12 años
estamos comenzando a aprender
los nombres de unas flores y de unos pájaros
en otros ocho
nos habremos olvidado estas palabras
pero sabremos andar sin mangas
en calor intenso y en frío
en otros quince
nuestra nostalgia
volverá solo en sueño borroso
habrán
grandes espacios vacíos entre nuestras palabras
nuestros pensamientos girarán hacia afuera
como pájaros volando sobre cuevas de roca en las escarpas sin hacer ruido
rara vez oirás
la pluma suave de mi voz
más y más a menudo
me hablarás solo
con tus delicadas manos de concha.

Mas Allá de Pluma y Hueso

(Ghost Ranch, Abiquiu, Nuevo México)

Si no el aire cargado de relámpago
bailando alrededor de mis hombros,
los pedazos de silencio entre gotas de lluvia,

el sonido del niño bebiendo su bebida
con una pajita en el pórtico,
o la ama de casa tocando su flauta—

Yo seré un pájaro la próxima vez,
liviana y llena solo de ojos,
que deja una pluma en el himnario

as a bookmark; the woman who finds it
will rub it on her cheek during church
and her eyes will soften with the shadows of secret longings.

That is what I will do:
for the beautiful and not so beautiful young girls:
turn them toward their alcoves of shadow.

Listening for Cactus

Mary McGinnis

I have always listened for the sound at the end of silence,
the notes after the piece ends:

I sit among cholla for hours,
my face cracking with sunburn;

They must talk to each other,
their seeds speaking as they brush together.

I put my ear on the earth,
listening for vibrations;

Opening the window in the loft,
I hear what might be the earth's mysterious hum,

Under my stick,
the cholla make tuneless tunes,

a musical instrument from the moon.
Listening for cactus was a little like looking for God

when I was fifteen,
like looking for a good lover when I was twenty-one.

God rolls through the wind,
and lands in the dust

that hurts in the corners of my eyes.
There must be a reason why I sit,

day after day, my clothing stiff with waiting,
my hands disconnected from each other.

como un registro; la mujer que la encuentra
la frotará contra su cachete durante la misa
y sus ojos se ablandarán con las sombras de anhelos secretos.

Eso es lo que yo haré:
para las muchachas bellas y no tan bellas:
dirigirlas hacia sus glorietas de sombra.

Buscando el Sonido de Cacto

Mary McGinnis

Yo siempre he buscado el sonido al final del silencio,
las notas después que termina la pieza:

Me siento entre la cholla por horas,
mi cara agrietada por la solanera;

No hay duda que se hablan la una a la otra,
sus semillas conversando mientras se rozan juntas.

Pongo mi oído en la tierra,
buscando vibraciones;

Abriendo la ventana en el desván,
Escucho lo que podría ser el tararear misterioso de la tierra.

Debajo de mi palo,
la cholla canta tonadas sin tonada,

un instrumento musical de la luna.
Buscando el sonido de cacto fue un poco como buscar a Dios

cuando yo tenía quince años,
como buscar un buen amante cuando tenía veintiuno,

Dios rueda entre el viento,
y aterriza en el polvo

que duele en las comisuras de mis ojos.
Debe de haber una razón por la cual me siento,

día tras día, mi ropa tiesa de esperar,
mis manos desconectadas una de la otra.

Vintage
(to Glenna)

Karen McKinnon

We have the whole day to drive to Santa Fe
the back way. Linger over mountain asters
Spend the gold of chamisa along the Turquoise Trail.

At the outdoor baths of Ten Thousand Waves
left-over lavendars of tumbleweed look bitten
by the early frost. Snowflakes melt
on our bare and rounded shoulders
stream down to our ample stretch-marked
abdomens. We bob in the hot tub of middle-age
like the apples Eve ate.
The moon blooms in late afternoon.

This is a dream we've made into a dream
A dream we dreamed so long ago our children
have tunneled out of the digs for clay we made
in the arroyos under cliffs of the volcanos.
Their fingerpainted suns and stick-figures
we magnetized to our refrigerators
are the petroglyphs of the Ancient Ones.

We lean back into our bodies
and soak in the patina of mist in this brim-full
cup of a tub.
Birds turn overhead. The snow flies
in a pewter sky. Dried hollyhock stalks
we used to curl into clothespin dolls
dance

We are as old as the moon.

Crossing

Have we always been close to
something luminous as this lake
    the one called Holy Ghost

Vendimia

(para Glenna)

Karen McKinnon

Tenemos todo el día para manejar a Santa Fe
por el camino de atrás. Demorarnos con las reina Margaritas de la montaña
Gastar el oro de chamisa a lo largo del Turquoise Trail

En los baños al aire libre de Ten Thousand Waves
sobras de alhucema de maleza rodante parecen mordidas
por la helada temprana. Copos de nieve se derriten
sobre nuestros hombros desnudos y redondeados
se chorrean abajo a nuestros abdómenes amplios con sus marcas
de estiramiento. Flotamos en el agua caliente de nuestra mediana edad
como las manzanas que comió Eva.
La luna florece en el atardecer.

Este es un sueño que hemos convertido en sueño
Un sueño que soñamos hace tanto tiempo que nuestros niños
han tunelado afuera de los excavamientos para arcilla que hicimos
en los arroyos debajo de las escarpas de los volcanes.
Sus soles pintados con dedos y sus figuras de palo
que magnetizamos a nuestros refrigeradores
son los petroglíficos de Los Ancianos.

Nos recostamos dentro de nuestros cuerpos
y nos remojamos en la pátina de niebla en esta
bañera, una taza llena hasta el borde.
Pájaros se dan vuelta en lo alto. La nieve vuela
en un cielo de peltre. Tallos secos de malva real
que solíamos transformar en muñequitas arrolladas
bailan

Somos tan viejas como la luna.

Cruzando

Será que siempre hemos estado cerca de
algo luminoso como este lago
el que se llama Espíritu Santo

we drive to after work today
near the red clay of the Jemez

There is still movement underneath
this earth and further up   high
on the plateau of ashes
from an old volcano   the holy spirit
wakes in the wind

This is Indian land you said—only
40 miles from Albuquerque   while
I watched the mountains recede
in the rear-view mirror and felt
it would be an ill omen not to turn
around look back at them

Here it is dusk now   a mauve and
silver one   trout leap in flash
reflections of the stars overhead
    we notice again how fast
night darkens in October

You begin to build a fire while I
search for more wood by the light's
last coherence   I think of that other
fire we made in the forest one night
above Santa Fe   and hold them both
in mind as something sought and found
    and so confirmed

We have been together so long we can't
see each other apart from the places
I have realized with you   you have known
with me   now this hollow in the desert
rimmed rose with sandstone   the rib-cage
of rock on that hill   these thin cat-tails
whispering on the edge of the water
    their stalks nodding with the air's grace
tonight   this lake   fed by the springs
underground will define us in some other
time not yet arrived   we'll remember
that we once camped for a weekend at
Holy Ghost Lake and paid the $3.75

donde viajamos después del trabajo hoy
cerca del barro rojo de los Jemez

Todavía hay movimiento debajo
de esta tierra y más   arriba
en la mesa de cenizas
de un volcán viejo   el espíritu santo
despierta en el viento

Esta es tierra India tú dijiste—solo
40 millas de Albuquerque   mientras
yo observaba retroceder las montañas
en el retrovisor y sentí
que sería un mal agüero no voltear
y mirarlas

Ahora es crepúsculo aquí   uno de color de malva
y plata   truchas saltan en rápidos
reflejos de las estrellas en lo alto
    notamos otra vez qué rápido
la noche se oscurece en octubre

Tú comienzas a hacer un fuego mientras yo
busco más leña en la última
coherencia de luz   Pienso de ese otro
fuego que hicimos en el bosque una noche
encima de Santa Fe   y los tengo a los dos
en mente como algo buscado y encontrado
    y así confirmado

Hemos estado juntos tanto tiempo que no podemos
vernos apartes de los lugares
que he realizado contigo   tú has sabido
conmigo   ahora este hueco en el desierto
bordeado rosa con piedra arenisca   las costillas
de roca en esa colina   estas viboreras delgadas
susurrando a la orilla del agua
    sus tallos inclinándose con la gracia del aire
esta noche   este lago   nutrido por ojos
debajo de la tierra nos definirá en otro tiempo
no arribado todavía   nos acordaremos
que una vez acampamos por un fin de semana en
el Lago del Espíritu Santo y pagamos los $3.75

for a permit from the Indian
who appeared in a red GM pick-up though
we were fishing only in imagination
    casting our lives now   then

The Loop

I want two windows made
in the adobe wall
around the patio.
One on the south
to frame the Manzano mountains
    there at the east to keep
the Sandias rising.

We already have a window
on the three volcanoes over
the kitchen sink
which is why it happens
that I begin to think
of windows in walls
how we want to be opened
yet closed   held close
enough to be open

how the kitchen now looms
    and ripens with sunset
holds itself full
in the nectarines
set in the bowl
on the table

how a frame
when it opens from a poem
being made with the windows
not yet built
in the adobe wall
around the patio
will measure
the fill
of what cannot
be contained.

para un permiso del Indio
que apareció en una camioneta GM roja   aunque
solo estábamos pescando en la imaginación
  lanzando nuestras vidas ahora   entonces

El Lazo

Quiero que me hagan dos ventanas
en la pared de adobe
alrededor del patio.
Una en el sur
para enmarcar las montañas Manzano
  allá en el éste para mantener
elevándose las Sandias.

Ya tenemos una ventana
para los tres volcanes sobre
el fregadero de la cocina
por eso es que ocurre
que comienzo a pensar
de ventanas en paredes
como queremos ser abiertos
y también cercados   abrazados cerca
lo suficiente para abrirnos

como vislumbra ahora la cocina
  y madura con la puesta de sol
contiene su plenitud
en las nectarinas
puestas en el plato
encima de la mesa

como un marco
cuando se abre desde un poema
que se está haciendo con las ventanas
todavía no construídas
en la pared de adobe
alrededor del patio
medirá
el contenido
de lo que no se puede
contener.

When the Clay Calls

Nora Naranjo-Morse

This clay starts calling to me only days after I've sworn it off
 wishing to leave tired hands to rest,
 wanting to release myself from the browns and reds
 that bend easily into gentle curves,
  instantly becoming a child's face,
  a woman's skirt, or her husband's smile.

Resting from lines I review,
 have reviewed,
  and will review again.

Dusting off the sanded earth
 as coarse surfaces level into fluid forms
 I had not yet discovered,
 so smooth and yet richly textured with life of its own.

I am in awe of this clay that fills me with passion
 and wonder.
 This earth
  I have become a part of,
  that also I have grown out of.

Gia's Song

Thung joo Kwa yaa na povi sah
Thung joo Kwa yaa na povi sah
 Tsay ohi taa geh wo gi wa nan povi sah
 pin povi
 pin povi do mu u da kun
 ka nee na nun dun naa da si tah.
On top of Black Mesa there are flowers
On top of Black Mesa there are flowers
 dew on yellow flowers

Cuando el Barro Llama

Nora Naranjo-Morse

Este barro me comienza a llamar escasos días después de jurar no tocarlo más
  Deseando dejar reposar manos cansadas,
  Queriendo liberarme de los cafés y rojos
  que se doblan fácilmente en curvas suaves,
    transformándose instantáneamente en una cara de niño,
    una falda de una mujer, o la sonrisa de su esposo.

Descansando de líneas que repaso,
  he repasado,
    y volveré a repasar otra vez.

Sacudiendo la tierra arenosa
  mientras superficies ásperas se nivelan en formas fluídas
  que yo todavía no había descubierto,
  tan suaves y aún ricamente texturizadas con vida propia.

Estoy maravillada de este barro que me inunda de pasión
  y de asombro.
  Esta tierra
    de la cual me he hecho parte,
    de donde también yo me he originado.

La Canción de Gia

Thung joo Kwa yaa na povi sah
Thung joo Kwa yaa na povi sah
  Tsay ohi taa geh wo gi wa nan povi sah
  pin povi
  pin povi do mu u da kun
  ka nee na nun dun naa da si tah.
Encima de Black Mesa hay flores
Encima de Black Mesa hay flores
  rocío en flores amarillas

mountain flowers I see
so far away that it makes me cry.
She opened her eyes slowly,
as if to awaken from a trance
cast by a song,
transporting her to childhood,
Back to the flowers
growing atop Black Mesa,
so far and yet
clearly brilliant.
Awake from the song,
Gia focused on her daughter,
anxiously awaiting
to be taught a new song,
The old woman chose to take her time,
she had learned from experience,
attention is better paid by children,
when there is a little pause,
and mystery
in storytelling.
Soon enough Gia spoke . . .
"When I was a young girl,
my family would camp
below Kwheng sa po,
during the farming months.
We spent most of our days
following my grandmother
through rows of corn
and playing in the streams below.
One day white men came in a wagon,
telling us about a school for Indians,
run by the government.
We were told this school would educate
and prepare us for jobs in the white man's world.
None of us knew what any of it meant,
but these men spoke sweetly
offering grandmother a roll of bailing wire
for each child that went to school.
Before we knew what was happening,
we were sitting in the back of their wagon,

flores de montaña yo veo
tan lejos que me hace llorar.
Ella abrió sus ojos lentamente,
   como si despertara de un trance
     provocado por una canción,
     transportándola a la niñez,
   De regreso a las flores
   creciendo encima de Black Mesa,
   tan lejos y sin embargo
   claramente brillantes.
Despierta de la canción,
   Gia se fijó en su hija,
   esperando ansiosamente
   ser enseñada una canción nueva,
La vieja eligió tomar su tiempo,
   ella había aprendido de la experiencia,
   la atención es mejor pagada por los niños,
   cuando hay un poco de pausa,
     y misterio
       en la narración de cuentos.
A buen tiempo Gía habló . . .
   "Cuando yo era una muchacha joven,
   mi familia acampaba
   bajo Kwheng sa po,
   durante los meses de cultivo.
   Nosotros pasamos la mayor parte de nuestros días
   siguiendo a mi abuela
   por filas de maíz
   y jugando en los riachuelos abajo.
   Un día el hombre blanco vino en una carreta,
   diciéndonos de una escuela para Indios,
   administrada por el gobierno.
   Se nos dijo que esta escuela nos educaría
   y nos prepararía para trabajos en el mundo del hombre blanco.
   Ninguno de nosotros comprendió lo que todo esto significaba,
   pero estos hombres hablaron dulcemente
   ofreciendo a abuela un rollo de alambre para zunchar
   por cada niño que fuera a la escuela.
   Antes de que supiéramos lo que estaba pasando,
   nosotros estábamos sentados atrás de su carreta,

on our way to government school,
away from our families,
to another man's world.
Often we would cry,
out of loneliness,
but this song helped us
to remember our home."
Gia thoughtfully straightened
the pleats on her skirt,
swallowing the last of her coffee.
Smiling, she continued . . .
"The government school taught sewing,
I learned on an electric machine.
By the time I returned to the village I could
sew, but few of the people had heard of sewing machines,
or even electricity.
The machine I learned to operate as my trade
could not be carried here and there,
but this song you are learning,
will always be carried in your heart,
here and there."

en camino a la escuela de gobierno,
lejos de nuestras familias,
al mundo de otros.
Frecuentemente llorábamos,
de soledad,
pero esta canción nos ayudó
a recordar nuestro hogar."
Gia pensativamente enderezó
los pliegues de su falda,
tragando lo último de su café.
Sonriendo, continuó . . .
   "La escuela de gobierno enseñó a coser,
   Yo aprendí en una máquina eléctrica.
   Cuando yo regresé al pueblo yo podía
   coser, pero pocas personas habían oído de máquinas de coser
   o aún de electricidad.
   La máquina que yo aprendí a operar como mi oficio
   no se podía cargar de aquí para allá,
   pero esta canción que estás aprendiendo
   estará siempre llevada en tu corazón,
   aquí y allá."

Burned Mountain

Stanley Noyes

Snow to the tops of fenceposts in the canyon
below the road, and in the snowy fields
between woods only the tips of the fence
at the cattleguard show where it is. On the distant
mountain, aspens screen the snow with gray,
and above them the forest of spruce and fir,
green-black. The day above the mountains,
the blue supporting the sun, is primitive
and intense as it once was everywhere.

Silence. Then a little wind. Silences.
Nothing moves. There's nothing here but this,
this and sometimes wind, and they are sufficient.

Montaña Quemada

Stanley Noyes

Nieve hasta los topes de los postes de las cercas en el barranco
abajo del camino, y en los campos nevados
entre bosques solamente las puntas de la cerca
al lado del guardaganado demuestran donde está. En la montaña
distante álamos temblones cubren la nieve de gris,
y arriba de ellos el bosque de piceas y abetos,
verdi-negro. El día arriba de las montañas,
el azul sosteniendo al sol, es primitivo
e intenso como en otro tiempo fué así por todas partes.

Silencio. Luego un poco de viento. Silencio.
Nada se mueve. No hay nada aquí más que esto,
esto y algunas veces viento, y ellos son suficiente.

Santa Fe Winter

Marian Olson

Luminarias

studding snow-brushed walls,
        twists of plum smoke
and ristras red as garnets
        welcome strangers:

        Won't you please
come in?

The fragrance of winter
        stews simmering
with the heat of Hatch chiles,
        piñon-log fires.

        City lights glow
like incandescent opals
        outside the warm adobes, warm
            adobes, warm . . .

Invierno de Santa Fe

Marian Olson

Luminarias

montadas en las paredes rociadas de nieve,
    espirales de humo color ciruela
y ristras tan rojas como granates
    dan la bienvenida a desconocidos:

        ¿Por favor,
no quiere entrar?

La fragrancia de invierno,
    estofados al hervor
con el calor de chiles de Hatch,
    fuegos de troncos de piñón.

    Las luces de la ciudad brillan
como ópalos incandescentes
    afuera de los adobes cálidos, adobes
    cálidos, cálidos . . .

Morning Walk on Canyon Road

Marian Olson

Santa Fe, New Mexico

Wall of the compound, the locked gate opens:
this is the way. Stepping over fractured bricks
I pass an orange cat curled warm against the wall
and walk into the maise light of morning
onto Canyon Road, past galleries, cafés, and shops,
dormant this Sunday as the towering cottonwoods.

On Palace I turn, then turn again onto Acequia Madre
and follow the ancient, tree-lined ditch,
dug by men with flashing eyes dark as coffee beans,
muscles knotting as the mother ditch deepened.
7,000 feet. Panting, through sunlight and frozen
shadows. My shallow breath a vestige of sea-level life.

I am not alone: sensing everywhere
the imprints of moccasins effaced by time.
Footfall after footfall, voice answering voice,
the sounds of a morning long ago wrap around me
like a hand-loomed blanket. I am warm inside,
a part of the early morning with the January sun.

Caminata Matutina por Canyon Road

Marian Olson

Santa Fe, Nuevo México

Pared del recinto, la reja cerrada se abre:
éste es el camino. Pisando sobre ladrillos fracturados
yo paso un gato anaranjado enroscado calientito contra la pared
y camino adentro de la luz matinal color maíz
a Canyon Road, pasando galerías, cafés y tiendas,
tan durmientes este Domingo como los álamos imponentes.

En *Palace* me doy vuelta, luego vuelvo a torcer en *Acequia Madre*
y sigo la acequia anciana, alineada por árboles,
excavada por hombres con ojos chispeantes tan oscuros como granos de café,
músculos ennudándose conforme la acequia madre se profundizaba.
7,000 pies. Jadeando, por la luz del sol y sombras
heladas. Mi respiración superficial un vestigio de vida a nivel del mar.

No estoy sola: sintiendo por todas partes
las huellas de mocasines borradas por el tiempo.
Pisada tras pisada, voz contestando a voz,
los sonidos de una mañana de antaño me envuelven
como un sarape tejido a mano. Siento calor adentro,
una parte de la temprana mañana con el sol de enero.

Mother of Myths

V. B. Price

We read of the Hopi (that's all we can do)
that the dead are clouds,
that the dead rain down their souls on earth,
that life depends on their essence.

I felt a closing when my mother died,
felt the past had pulled itself from my life;
where she was
now was nothing.

Where did she go?

Is she anywhere more than a sorrow,
more than something gone?

I am starving for new stories.

I have no heaven for her, no Elysium.
She isn't waiting, in pillows and poppies,
for curtain calls from the gods.

She is a memory
I often forget
has no memory itself.

But at Hopi
the dead never leave.
Rain is soul.
And the souls of Chaco
still feed them.
All history's in the sky,
the crops, their bodies.

Any meal is a communion.

But my mother and I are as far apart
as I am from faith
in the Fall from grace.

Madre de Mitos

V. B. Price

Leemos sobre el Hopi (es todo lo que podemos hacer)
que los muertos son nubes,
que los muertos llueven sus almas sobre la tierra,
que la vida depende de su escencia.

Sentí un cerrar cuando mi madre murió,
sentí que el pasado se había arrancado de mi vida;
donde estaba ella
ahora no había nada.

   ¿Adónde fue?

¿En alguna parte es ella más que una pena,
más que algo ya ido?

   Me muero de hambre por cuentos nuevos.

No tengo ningún cielo para ella, ningún Elisium.
Ella no está esperando, en almohadas y amapolas,
para que los dioses la llamen en escena.

   Ella es una memoria
   que, como suelo olvidarme,
   no tiene una memoria ella mísma.

Pero en Hopi
los muertos nunca departen.
Lluvia es alma
Y las almas de Chaco
aún los alimentan.
Toda la historia está en el cielo,
las cosechas, sus cuerpos.

   Toda comida es una comunión.

Pero mi madre y yo estamos tan separados
Como yo estoy de la fe
en la Caída de la gracia.

She is like the canyon was on a Tuesday
7,000 years ago, or a Monday just last month,
a detail
in the history of time.

The canyon is
every day it was,
as the species is
every person it has been.

    But she
    is my mother,
    not a day in the shape of stone,
    and I don't know where she is.

She is not in her bones,
not in her ashes I put in the waves.

She is an idea
I have not yet formed
like clouds unborn in the sea.

    I want her home with me. I want
    death, all death, to be
    a right proximity.

In Chaco, at least, I know
the canyon is
where the past remains.

    I know it is not
    only now.

So *can* I say
it is time's common grave,
a mother of myths,
where death conceives, where memory
gives birth to the future?

Can I say she is somewhere there
waiting for doubt to leave?

Ella es como el cañón estuvo en un martes
hace 7,000 años, o un lunes de apenas el mes pasado,
un detalle
en la historia del tiempo.

El cañón es
todos los días que fué,
como la especie es
cada persona que ha sido.

    Pero ella
    es mi madre,
    no un día en la forma de piedra,
    y yo no sé donde está.

Ella no está en sus huesos,
no en sus cenizas que puse en las olas.

Ella es una idea
que yo aún no he formado
como nubes sin nacer en el mar.

    La quiero en casa conmigo. Quiero que
    la muerte, toda mu   sea
    una proximidad con

En Chaco, por lo menos, yo sé
que el cañón es
donde el pasado permanece.

    Yo sé que no solo
    es ahora.

Entonces ¿*puedo* yo decir
que es la tumba común del tiempo,
una madre de mitos,
donde la muerte concibe, donde la memoria
da a luz al futuro?

¿Puedo yo decir que ella está en alguna parte allá
esperando que la duda departa?

Joy with No Difference

V. B. Price

Practicing the canyon
I feel my emptiness
forget me
      for a moment longer than it takes
      to change and stay the same.
Practicing to be
the willingness of stone,
the bodylife of ravens
loafing on the clouds,
practicing the canyon,
          I can see
          how life and death
          have no difference to speak of,
          like one second from the next.

Practicing like this
nothing matters more
than anything,
for all things are
empty as forgetfulness
is full
of its unknowns,
like time is
everything it's been in you, so full
you are
everything
that didn't happen, too.
          Practicing and practicing,
you might become the space
          and the form around it,
all that's there
and all that's not—
      the shape of your mind
      the canyon's shape;
you might fit with it
as bodies fit,
      as light fits with shadow
      as faith, itself, might fit with truth
      as fate fits with fact.

Alegría sin Diferencia

V. B. Price

Practicando el cañón
Siento mi vacío
olvidarme
> por un momento más largo que toma
> cambiar y permanecer igual.

Practicando a ser
la disposición de la piedra,
el cuerpovida de cuervos
holgazaneando en las nubes,
practicando el cañón
> Puedo ver
> como vida y muerte
> no tienen diferencia que mencionar,
> como un segundo del otro.

Practicando así
nada importa más
que cualquier cosa,
porque todas las cosas son
vacías como el olvido
está lleno
de sus desconocidos,
como el tiempo es
todo lo que ha sido dentro de tí, tan lleno
tú eres
todo
lo que no sucedió también.
> Practicando y practicando,
quizás te conviertas en el espacio
> y la forma alrededor de él,
todo lo que está allí
y todo lo que no está—
> la forma de tu mente
> la forma del cañón;
tú tal vez te ajustes con él
como cuerpos se ajustan,
> como la luz se ajusta a la sombra
> como la fe, ella mísma, pudiera ajustarse con la verdad
> como el destino se ajusta al hecho.

Agua Negra

Leo Romero

Outside, the night lay open
like an oyster
I sat alone
within my house
of light

Within the mountains
darkness poured like syrup
poured into that black
which filled the valley
like the deepest ocean

I would hear the throbbing
of the mountains
The slow breathing of trees
and sense the uneasiness
of the fields

I thought of the miracle
at Agua Negra
where people searched
with tiny lights
for the face of God

Slow Poke Indian

Slow poke Indian
that's what
he calls himself
If he had been
in the olden times
he says
he would have been
one dead Indian

Agua Negra

Leo Romero

Afuera, la noche yacía abierta
como una ostra
Yo, sentado solo
dentro de mi casa
de luz

Dentro de las montañas
la oscuridad se vertía como almíbar
derramado dentro de ese negro
que llenaba el valle
como el océano más profundo

Yo oiría el latido
de las montañas
El respiro lento de los árboles
y sentiría la inquietud
de los campos

Pensé en el milagro
de Agua Negra
donde la gente buscó
con lucecitas
la cara de Dios

Indio Demorón

Indio demorón
eso es lo que él
se llama a sí mismo
Si él hubiera vivido
en los tiempos antiguos
él dice
él hubiera sido
un Indio muerto

mighty quick
But these are
modern times
I don't worry much
about being slow
in this
day and time
he says
After all
What's an Indian got
but time
I'm an urban Indian
he says
I don't got
the olden ways
I dress up
and I go out
for a walk
And I smoke
a cigarette
And if I got the money
I buy some beer
I'm a retired
Indian, he says
I've gotten older
than I ever wanted
to be
Even slow poke
as I've been
Even I've gotten
old

bien rápido
Pero estos son
tiempos modernos
No me preocupo mucho
de ser lento
en este
día y tiempo
él dice
Al fin y al cabo
Qué tiene un Indio
sino tiempo
Soy un Indio urbano
él dice
No tengo
las viejas costumbres
Me visto
y salgo
a caminar
Y fumo
un cigarrillo
Y si tengo el dinero
compro una cerveza
Soy un Indio
jubilado, él dice
Me he puesto más viejo
de lo que quería
ser
Así de demorón
que he sido
Hasta yo me he puesto
viejo

Wheels

Levi Romero

how can I tell you
baby, oh honey, you'll
never know the ride
the ride of a lowered chevy
slithering through the
blue dotted night along
Riverside Drive Española

poetry rides the wings
of a '59 Impala
yes, it does
and it points
chrome antennae towards

'Burque stations rocking
oldies Van Morrison
brown eyed girls
Creedence and a
bad moon rising
over Chimayó

and I guess
it also rides
on muddy Subaru's
tuned into new-age radio
on the frigid road
to Taos on weekend
ski trips

yes, baby
you and I are two
kinds of wheels
on the same road

listen, listen
to the lonesome humming
of the tracks we leave
behind

Ruedas

Levi Romero

como puedo decirte
cariño, oh amor, nunca
conocerás el paseo
el paseo de un chevy bajado
deslizándose por la noche
punteada de azul a lo largo de
el *Riverside Drive* de Española

poesía monta las alas
de un Impala '59
sí, lo hace
y apunta
antena cromada hacia

estaciones *'Burque* rocanroleando
las viejas de Van Morrison
muchachas de ojos pardos
Creedence y una
luna mala levantándose
sobre Chimayo

y se me hace
que también se pasea
en Subarus enlodados
entonados en radio de la nueva-era
en el camino frígido
a Taos en excursiones para esquiar
los fines de semana

sí, cariño
tú y yo somos dos
tipos de ruedas
en el mismo camino

escucha, escucha
al zumbido solitario
de las huellas que
dejamos atrás

It Goes On in That Way

Levi Romero

I remember that day on FM Hill

>   we were just hanging out drinking beer
>   there was nothing really special about that day
>   other than they don't happen like that anymore

>   there were a few of us
>   'though I can't recall exactly who, but Mage

I remember him

>   flat-topped white haired Korean war veteran
>   with faded tattoos and a crazy laugh
>   and he was crouching low to the ground

>   he took a good hit from some homegrown
>   raised his head towards the sky
>   and blew the smoke into his beer can
>   and then took a good swallow

I remember that

>   because I thought that maybe it was
>   some special magic trick going towards infinity
>   'cause I knew he'd come down a long road
>   and carried with him secrets
>   of an unspoken trade

I remember him today

>   beyond the skyline of this city
>   the noise of crows and the freeway traffic
>   and I tip my can in remembrance

>   to the gray sky
>   and the black volcanoes
>   and to Mage

>   it goes on
>   in that way

remembering, remembering

>   it goes on in that way
>   it goes on in that way

Así Sigue, de Esa Forma

Levi Romero

Yo recuerdo ese día en FM Hill

solamente estábamos allí tomando cerveza
no tenía nada realmente especial ese día
más que ya no suceden así

éramos unos pocos
aunque no puedo recordar exactamente quién, más que Mage

Me recuerdo de él

veterano de la guerra Koreana con el pelo blanco en corte a la *brush*
con tatuajes descolorados y una carcajada alocada
y él estaba en cuclillas cerca del suelo

se dió un toque de la buena cultivada en casa
levantó su cabeza hacia el cielo
y sopló el humo dentro de su lata de cerveza
y luego tomó un buen trago

Recuerdo eso

porque pensé que tal vez eso era
algún truco mágico yendo hacia la infinidad
porque yo sabía que él había andado por un largo camino
y llevado secretos con él
de un oficio no mencionado

Me recuerdo de él hoy día

más allá del horizonte de esta ciudad
el ruido de los cuervos y el tráfico de la carretera
y saludo con mi lata al recuerdo

del cielo gris
y los volcanes negros
y a Mage

así sigue
de esa forma

recordando, recordando

así sigue, de esa forma
así sigue, de esa forma

Views of the Pecos

Miriam Sagan

Limestone cliffs like brushstrokes
She says: what are these Chinese cliffs
Doing in our view of Pecos?
And washes her face in the cold river;
The long pines, dark verticals
Against the zigzag of stone;
Zigzag like what they say a baby knows
About a mother's face: the eyebrows and the nose
Like rock climbers clambering up
The sheer face of the cliff.

I'm getting old under this cliff
Don't live in Paris or New York
Six months big with this child
Who dances the rumba on my bladder
Even my mother who had her last near forty
Says: absolutely, no woman over twenty-two should have a
baby.
Aspen leaves are almost gone
What's left is yellow, trembles at wind's rumor
Pale aspens clumped together
Shy gang of girls
Around some horses in a corral.

Those old Chinese guys, the painters
Would have liked these cliffs
Crag on silk, the pine,
Would like it here
Brown horse, decrepit corral,
Air shot through with golden thread,

Those old guys who could paint
Mist and smoke, waterfall and cloud
Who just by looking,
And by looking hard
Make us forget
We are going to die.

Vistas de los Pecos

Miriam Sagan

Peñascos de caliza como pinceladas
Ella dice; ¿qué hacen peñascos chinos
En nuestra vista de Pecos?
Y se lava la cara en el río frío;
Los pinos largos, verticales oscuros
En contra del zigzag de piedra;
Zigzag como lo que dicen que sabe un bebé
Acerca de la cara de una madre: las cejas y la naríz
Como alpinistas trepando hacia arriba
Por la cara perpendicular del peñasco.

Me estoy haciendo vieja bajo este peñasco
No vivo en París ni en Nueva York
Grande de seis meses con este niño
Quien baila la rumba en mi vejiga
Aún mi madre quien tuvo su último cerca de los cuarenta
Dice: Absolutamente, ninguna mujer mayor de los veintidós debería tener
un bebé.
Las hojas de los álamos temblones ya casi no se ven
Lo que queda es amarillo, tiembla en el rumor del viento
Alamos temblones pálidos arrejuntados
Grupo de muchachas tímidas
Alrededor de algunos caballos en un corral.

A esos viejos tipos chinos, los pintores
Les hubieran gustado estos peñascos
Risco en seda, el pino,
Les gustaría aquí
Caballo café, corral decrépito
Aire entrelazado con hilo dorado,

Esos viejos que podían pintar
Bruma y humo, cascada y nube
Quienes con solo mirar,
Y con mirar con cuidado
Nos hacen olvidar
Que vamos a morir.

Puye

Miriam Sagan

The ruined plaza full of purple asters
Thick mullein and the yellow chamisa weed
This is what the world will look like after
After we are gone

We climb a ladder to the mesa
We climb a fir to pluck off stars
And the little village stands
With just the thresholds of its doors

There in a kiva in the earth
Double pronged, the lightning wood
Step by step descend each rung
Into the hollow of the dead

No, into the hollow of the earth
Into the belly of the worlds
Piñon piled upon the hearth
Waiting for the flame, the spark

Pueblo ruins where the rabbits meet
In the thorn small white tailed birds
Where butterfly becomes a cliff
Where silence becomes words.

Puye

Miriam Sagan

La plaza arruinada llena de reina Margaritas moradas
Gordolobo espeso y la hierba de chamisa amarilla
Esto es como el mundo aparecerá
Después de que todos nos hayamos ido

Subimos una escalera a la mesa
Trepamos un abeto para piscar las estrellas
Y el pueblito se mantiene
Con solo el umbral de sus puertas

Allí en una kiva en la tierra
De doble punta, la madera de relámpago
Paso a paso desciende cada peldaño
Hasta entrar al hueco de los muertos

No, al hueco de la tierra
Dentro del vientre de los mundos
Piñón apilado en el fogón
Esperando la llama, la chispa

Ruinas del Pueblo donde los conejos se reúnen
En el espinal aves pequeñas de cola blanca
Donde la mariposa se convierte en peñasco
Donde el silencio se convierte en palabras.

Lost Again for Awhile

Jim Sagel

she's seventeen
already tried suicide twice
(this last time with prescription drugs)
and pregnant again
though she won't even admit it to herself

the smile that once tyrannized
armies of junior high adolescents
has now frozen into a numb sneer
her eyes are always on the verge
of sinking into her face

her boy sits beside a crumbling horno
playing roughly with rocks
keeping away from everyone
and she's thinking about getting lost again
for awhile
Albuquerque—Gallup maybe
but she'll be back
the child-support check blown
cursing her mother
through the locked screen door

she's Uncle Steven's granddaughter
who he showed how to twist the reeds
and mix the clay
the girl with the crow-black eyes
he taught her to tie her moccasins
and dance the butterfly
the one he told all the old stories to
so they wouldn't be forgotten

Perdida de Nuevo por un Rato

Jim Sagel

ella tiene diecisiete años
ya dos veces se intentó suicidar
(con drogas recetadas esta última vez)
y embarazada de nuevo
aunque ni a sí misma se lo admitirá

la sonrisa que alguna vez tiranizó
ejércitos de adolescentes de la secundaria
ya se ha congelado en un gesto de desprecio adormecido
sus ojos siempre están a punto
de hundirse en su cara

su niño se sienta al lado de un horno que se está desintegrando
jugando bruscamente con piedras
alejándose de todos
y ella piensa acerca de perderse de nuevo
por un rato
Albuquerque—tal vez Gallup
pero ella regresará
con el cheque para cuidar al niño malgastado
maldiciendo su madre
através de la puerta de alambre cerrada

ella es la nieta del Tio Estéban
a quien él enseñó a torcer los carrizos
y mezclar el barro
la niña con los ojos de cuervo negro
él le enseñó a amarrarse los mocasines
y bailar la mariposa
a la que le contó todas las historias viejas
para que no sean olvidadas

Dog sparks Dulce shooting

Jim Sagel

A Sunday evening argument
in a bar here
over a dog
resulted in the shooting death
of an Española man
Gerald L. Montoya
38
of Dulce
is being held in the Río Arriba
County Jail
in Tierra Amarilla
in connection
with the fatal shooting
of José A. Martínez
48
of Española
According to New Mexico State Police
the two
argued over Martínez's dog
in the Broken Butt Saloon
in Dulce
Police say
Martínez was shot once in the heart
and once in each leg
with a small-calibre hand gun
and died
before reaching the Dulce Clinic
Funeral arrangements
are pending
for the Española man
who
is survived by his wife
and five children
four brothers and two sisters
various aunts and uncles
cousins
nephews and nieces
and of course
his dog

Perro da la chispa que causa un tiroteo en Dulce

Jim Sagel

Una discusión de un Domingo por la tarde
en un bar aquí
sobre un perro
resultó en la muerte a balazos
de un hombre de Española
Gerald L. Montoya
38
de Dulce
está siendo detenido en la Cárcel del Condado
de Río Arriba
en Tierra Amarilla
en conección
con los balazos fatales
que recibió José A. Martínez
48
de Española
Según la Policía Estatal de Nuevo México
los dos
discutieron sobre el perro de Martínez
en la cantina de *Broken Butt*
en Dulce
La Policía dice
Martínez recibió un balazo en el corazón
y otro en cada pierna
con una pistola de mano de bajo calibre
y se murió
antes de llegar a la Clínica de Dulce
Arreglos funerarios
están por hacerse
para el hombre de Española
quien
deja atrás su esposa
y cinco hijos
cuatro hermanos y dos hermanas
varias tías y tíos
primos
sobrinos y sobrinas
y, claro,
su perro

Dredging for the Face of the Earth

Rebecca Seiferle

1.

Is it the way the light falls
or the way my eye follows
the light
that most resembles
a hand stroking a face?
It is as if I were
in love with the blue shadows on the mesa—
an angel peak with one wing missing.

2.

Pedernal, for instance,
blue and looming
on the other side of Abiquiu lake,
shadowing the dead cottonwoods
rooted in water,
is masculine. Jutting, the body
of an adolescent boy.
Whereas the red and yellow cliffs
on the highway's other side
lie redundant with curves,
leading inward to the green canyon
where the water begins.

3.

As a child
evicted by my parents' voices
into the sagebrush and the levelling wind,
I thought the earth
might console me, and if not, that
then in that treeless,
tenantless space, there would be
room enough
for what lived within me
to struggle into view.

4.

How can I stand these three men
talking about the two deer

Dragando por la Cara de la Tierra

Rebecca Seiferle

1.

¿Es la manera en que la luz cae
o la manera en que mi ojo sigue
la luz
que más se asemeja
a una mano acariciando una cara?
Es como si yo estuviera
enamorada de las sombras azules en la mesa—
un pico de ángel al que le falta una ala.

2.

Pedernal, por ejemplo,
azul y amenazador
en el otro lado del lago Abiquiu,
ensombreciendo los álamos muertos
enraizados en agua,
es masculino. Resaltando, el cuerpo
de un adolescente.
Mientras que los peñascos rojos y amarillos
al otro lado de la carretera
yacen redundantes con curvas,
dirigiéndose hacia adentro del cañón verde
donde el agua comienza.

3.

De niña
expulsada por las voces de mis padres
a la chamisa y al viento nivelador,
yo pensé que la tierra
me pudiése consolar, y si no, que
entonces en ese espacio
vacío de árboles y sin habitantes, habría
suficiente lugar
para que lo que vivía adentro de mí
pudiera luchar para salir a la vista.

4.

¿Cómo puedo aguantar a estos tres hombres
hablando de los dos venados

they killed and butchered this weekend?
Lining the freezer shelves,
white blocks of meat,
labelled hamburger, steak, stewmeat, stewmeat . . .
while outside
the tongues of the deer
freeze to the pickup bed.

5.

Does the world love us
with a love we cannot return?
Once when my husband
was feeding the pigeon—the one
we had found wounded along the road—
it began puffing out its iridescent feathers,
its grey body laced with blue and green, strutting,
then cooing. But in the distance
the face of the earth,
so self-absorbed,
never relinquished an expression.

6.

There must have been thirty or forty
scarlet bodies, black throats, white bellies,
thrashing in the basket
as the fisherman hoisted it out of the water,
then tossed them, one by one,
into the cage. But first,
he took each salmon in his hands
and squeezed the sex out of it;
the white fluid spilling out of the fish
attracting more
until the water was roiling.
Like the Hindu myth of creation
born from an ocean of milk.
But there was nothing religious
in his expression: he could have been
jacking off in the water, the way
he jerked his line backward,
the heavy weight of the treble hook
snagging another flank, gill, belly.
There, on the other end of the line,
his face as joyless and mechanical
as the fish beating its way toward him.

que mataron y cortaron en pedazos este fin de semana?
Alineados en los estantes de la hielera,
bloques blancos de carne,
etiquetados hamburquesa, filete, estofado, estofado...
mientras afuera
las lenguas de los venados
se pegan congeladas al metal de la camioneta.

5.

¿El mundo nos querrá
con un amor que no podemos regresar?
Una vez cuando mi esposo
estaba dándole de comer a la paloma—la que
habíamos encontrado herida en el camino—
comenzó a inflar sus plumas irridescentes,
su cuerpo gris enlazado con azul y verde, pavoneándose,
luego arrullando, Pero en la distancia
la cara de la tierra,
tan absorbida en sí mísma,
nunca soltó ninguna expresión.

6.

Habían como treinta o cuarenta
cuerpos escarlatas, cuellos negros, vientres blancos,
revolcándose en la canasta
mientras el pescador la alzó del agua,
luego los tiró, uno por uno,
adentro de la jaula. Pero primero,
él tomó cada salmón en sus manos
y exprimió el sexo afuera de él;
el fluído blanco desparramado del pescado
atrayendo más
hasta que el agua estaba turbulenta.
Como el mito Hindú de la creación
nacida de un océano de leche.
Pero no había nada religioso
en su expresión: él podría haber estado
ejaculando en el agua, de la forma en
que él jalaba su línea de pesca hacia atrás,
el peso grueso del gancho triple
atrapando otro costado, otra agalla, otro vientre.
Allí, en el otro extremo de la línea,
su cara tan sin regocijo y mecánica
como el pescado batiendo un camino hacia él.

October Song

David Carlson Smith

The last cricket of Summer
beyond the coyote fence
doesn't know it's over.
The music varies with an East Side dog
barking its small message
while the local monks
chant in the corner
and once again, seasons
slide by in Santa Fe
nuances skid like aspen leaves
on the sidewalk
and I think about hidden faces
all the lost moments
and what the winter really means.

Canción de Octubre

David Carlson Smith

El último grillo de Verano
más allá de la cerca de coyote
no sabe que ya se terminó.
la música varía con un perro del East Side
ladrando su mensaje pequeño
mientras que los monjes locales
cantan alabanzas en un rincón
y otra vez, estaciones
se deslizan por Santa Fe
matices resbalan como hojas de álamos temblones
en la vereda
y yo pienso en caras escondidas
todos los momentos perdidos
y lo que el invierno realmente significa.

Fifty Thousand Coyotes Can't Be Wrong

Glen Sorestad

Climbing up through the Organ Mountains
we pass through Cloudcroft—the name
conjures up sheep pastures. The weather
is cool but bright and a few small clouds
gambol over the New Mexico sky like spring lambs.

At Mayhill a neon Coors sign catches my eye
from a small saloon on the side of the road
and I spin sharply off the asphalt to stop
before the door. It's mid-afternoon and Mayhill
is small so we almost have the place to ourselves,
except for a few good old boys who stare at us
without the least embarrassment as we settle
at the bar with cans of Coors. Behind the bar
a fortyish man in a Miami Vice hat serves
and it looks like he wishes he were elsewhere.
There's a WANTED sign behind him:
seems what's wanted here in Mayhill are
good drinkers, loose women, and a piano player.

The sun is streaking the front window,
but the rest of the saloon is dark until our eyes
adjust to the gloom and make out the little stage
for musicians, a pooltable, a small adjoining room
for cards, some round tables ringed with chairs.
The place could have been created for "Gunsmoke"
or some long-forgotten grade B horse opera,
but right now it's nearly empty and somehow
it's hard to imagine, up here in the mountains
with lamb-clouds rollicking over the sky
that this place could really come alive
with leathery-faced cowpokes twisting cigarettes
from their tobacco sacks, squinting
at each other across the table through the smoke
and dimness while a fiddler scrapes his bow
and a guitarist bangs a heavy rhythm to the tune.

Cincuenta Mil Coyotes No Pueden Estar Equivocados

Glen Sorestad

Trepando por las *Organ Mountains*
pasamos por Cloudcroft—el nombre
invoca prados de ovejas. El clima
es fresco pero brillante y unas cuantas nubes
retozan sobre el cielo de Nuevo México como corderos primaverales.

En *Mayhill* un letrero de neón de Coors me llama la atención
desde una pequeña taverna al lado del camino
y me desvío rápidamente del asfalto para parar
ante la puerta. Es la mitad de la tarde y Mayhill
es pequeño así que casi tenemos el lugar solo para nosotros,
con excepción de unos viejos compadres quienes nos miran
con la vista fija sin la menor pena mientras que nosotros nos acomodamos en el
bar con latas de Coors. Atrás del bar
un hombre cuarenteno en un sombrero de Miami Vice sirve
y parece que desea estar en algún otro lugar.
Hay un letrero de SE BUSCA atrás de él:
parece que lo que se busca aquí en Mayhill son
buenos bebedores, mujeres fáciles, y un pianista.

El sol raya a la ventana de en frente,
pero el resto de la taverna está oscura hasta que nuestros ojos
se ajustan a lo lúgubre y distinguen el foro pequeño
para músicos, una mesa de billar, un cuarto pequeño adjunto
para barajas, algunas mesas redondas rodeadas con sillas.
El lugar pudo haber sido creado para "La Ley del Revolver"
o algún melodrama de baja calidad ya hace mucho olvidado,
pero ahora mismo está casi vacío y
es difícil de imaginar, aquí arriba en las montañas
con nubes de cordero jugueteando sobre el cielo
que este lugar podría realmente tomar vida
con vaqueros de caras de cuero forjando cigarros
con sus sacos de tabaco, forzando la vista
unos a otros a través de la mesa y del humo
y de la oscuridad mientras el violinista raspa su arco
y un guitarrista saca a golpes un ritmo pesado para la tonada.

But fifty thousand coyotes can't be wrong:
another sign behind the bar assures us.
It's urging us to eat more lamb, but the lambs
are eating up the sky and we have a few more miles
to eat before nightfall. Back in the car
we wheel away from Mayhill and wind our way
through more mountains until we can drop
down onto the flats that stretch away to Texas
and beyond. The lambs have fled the sky
and the coyote sun follows us to Artesia.

Pero cincuenta mil coyotes no pueden estar equivocados:
otro letrero atrás del bar nos asegura.
Nos está exhortando comer más cordero, pero los corderos
están comiendo el cielo y tenemos que comer unas millas más
antes del anochecer. De regreso en el coche
salimos de Mayhill y serpenteamos
a través de más montañas hasta que podemos descender
en las llanuras que se extienden hasta Texas
y más allá. Los corderos han huído del cielo
y el sol coyote nos sigue a Artesia.

When the Christ Child Danced with the Deer

Michael Sutin

There was a quiet time
when humans and animals
knew one another,

in the old days,
when the cacique and buffalo
were brothers,

when mother earth
wore her mantel of white,
before the time of renewal rains,

when midnight fires flashed
flicker shadows of moving rattles
and juniper boughs,

hum of drums and lowing chants,
fresh heads and bone antlers
from the hunt's honored dead.

Then the white friars came,
put chains on their legs,
and put their old ways in irons,

made their children fear,
and made their old ones shame
for what they knew was true.

That was a time
when the Christ Child
danced with the deer.

Cuando el Niño Jesús Bailó con el Venado

Michael Sutin

Hubo un tiempo silencioso
cuando los humanos y los animales
se conocían,

en los días de antaño
cuando el cacique y el búfalo
eran hermanos,

cuando la tierra madre
se vistió con su manto de blanco
antes del tiempo de las lluvias renovadoras,

cuando las fogatas de medianoche chispeaban
sombras flameantes de sonajas moviédose
y ramas de enebro,

zumbido de tambores y cantos mugidores,
cabezas frescas y cuernos de hueso
de los muertos honrados de la cacería.

Entonces vinieron los frailes blancos,
encadenaron a sus piernas,
y encarcelaron sus modos pasados en grilletes,

hicieron temer a sus hijos,
y a sus ancianos avergonzarse
por lo que sabían era la verdad.

Fué un tiempo
cuando el Niño Jesús
bailó con el venado.

All I Want

Luci Tapahonso

All I want is the bread to turn out like hers just once
    brown crust
    soft, airy insides
    rich and round
that is all.
So I ask her: How many cups?
    Ah yaa ah, she says,
    tossing flour and salt into a large silver bowl.
    I don't measure with cups.
    I just know by my hands,
    just a little like this is right, see?
    You young people always ask
    those kind of questions,
    she says,
thrusting her arms into the dough
and turning it over and over again.
The table trembles with her movements.
I watch silently and this coffee is good,
        strong and fresh.
    Outside, her son is chopping wood,
    his body an intense arc.
    The dull rhythm of winter
    is the swinging of the axe
    and the noise of children squeezing in
    with the small sighs of wind
    through the edges of the windows.

She pats and tosses it furiously
shaping balls of warm, soft dough.
    There, we'll let it rise,
    she says, sitting down now.
    We drink coffee and there is nothing
    like the warm smell of bread rising
    on windy, woodchopping afternoons.

Todo lo que Quiero

Luci Tapahonso

Todo lo que quiero es que el pan me salga como le sale a ella solo una vez
    la corteza dorada
    la miga suave, airosa
    rico y redondo
eso es todo.
Así que le pregunto: ¿Cuántas tazas?
    Ah yaa ah, dice ella,
    echando harina y sal dentro de una olla grande plateada,
    Yo no mido con tazas.
    Sólo sé por mis manos,
    sólo un poco como así está bien, ves?
    Ustedes jóvenes siempre hacen
    ese tipo de preguntas,
    ella dice,
metiendo sus manos adentro de la masa
y dándole vuelta una y otra vez.
La mesa tiembla con sus movimientos.
Yo miro en silencio y este café esta bueno,
                  fuerte y fresco.
    Afuera, su hijo está cortando leña,
    su cuerpo un arco intenso.
    El ritmo lerdo del invierno
    es el golpe de la hacha
    y el ruido de niños colándose
    con los pequeños suspiros de viento
    por entre las orillas de las ventanas.

Ella lo palmea y lo golpea furiosamente
formando bolas calientitas y suaves de masa.
    Ya está, ahora dejaremos que se levante
    ella dice, sentándose.
    Tomamos café y no hay nada
    como el olor caliente de pan levantándose
    en tardes de viento y leña.

I Am Singing Now

Luci Tapahonso

the moon is a white sliver
balancing the last of its contents
in the final curve of the month

my daughters sleep
in the back of the pickup
breathing small clouds of white in the dark
they lie warm and soft
under layers of clothes and blankets
how they dream, precious ones, of grandma
and the scent of fire
the smell of mutton
they are already home.

i watch the miles dissolve behind us
in the hazy glow of taillights and
the distinct shape of hills and mesas loom above
then recede slowly in the clear winter night.

i sing to myself
think of my father
teaching me, leaning towards me
listening as i learned
"just like this," he would say
and he would sing those old songs

into the fiber of my hair,
into the pores of my skin,
into the dreams of my children

and i am singing now
for the night
the almost empty moon
and the land swimming beneath the cold bright stars.

Estoy Cantando Ahora

Luci Tapahonso

la luna es una raja blanca
balanceando lo que le queda
en la curva final del mes

mis hijas duermen
en la parte de atrás de la camioneta
respirando pequeñas nubes de blanco en la oscuridad
bien acurrucadas y calientitas
debajo de capas de ropa y mantas
cómo sueñan, seres preciosos, de la abuelita
y el aroma de fuego
el olor a borrego
ya han llegado a casa.

observo como se disuelven las millas detrás de nosotros
en el vago ardor de los faroles traseros y
la forma clara de colinas y mesas vislumbra en lo alto
luego retrocede lentamente en la noche invernal despejada.

me canto a mí misma y
pienso en mi padre
enseñándome, acercándose a mí
escuchando mientras yo aprendía
"así mero" él decía
y cantaba esas viejas canciones que se metían

en la fibra de mi pelo
en los poros de mi piel
en los sueños de mis hijos

y estoy cantando ahora
para la noche
la luna casi vacía
y la tierra nadando debajo de las estrellas
frías y brillantes.

Back Then, Sweetheart

Luci Tapahonso

he remembers me at 15,
waiting tables in a snug orange dress,
"i liked that," he says smiling

    and i recall those long desert evenings
    the moon passing swiftly overhead
    when he sang me stories

        stories i wanted to hear
        stories i wanted to live, to live

        we were the stories.

i watched him then
carving initials in the picnic table
because there was no word for us
no other word for what we were.

it remains there—the table
welded to cement in the open spaces near shiprock.
the initials are barely visible,
faded by years of cold nights and melting snow.

        yet beneath the surface
        are the songs we sang
        that dance we were, we were.
        that same old moon glides overhead
        countless times again and over again.

back then, sweetheart
anything could happen.
i was already wild with dreams,
lost in dizzy songs of love and forever, ever

        you wanted to hold me,
          hold me steady.

En Esos Días, Corazón

Luci Tapahonso

se acuerda de mí a los 15 años,
de mesera en un vestido ajustado color naranja,
"me gustó", dice, sonriendo.

    y me acuerdo de esos anocheceres largos en el desierto
    la luna pasando rápidamente en lo alto
    cuando él me cantó cuentos

        cuentos que yo quería escuchar
        cuentos que yo quería vivir, vivir

        nosotros éramos los cuentos.

yo lo miré entonces
grabando iniciales en la mesa
porque no había palabra para nosotros
ninguna otra palabra para lo que éramos.

permanece allí — la mesa
soldada al cemento en el aire libre cerca de shiprock.
las iniciales casi no se ven,
desvanecidas por años de noches frías y el derretir de la nieve.

        sin embargo debajo de la superficie
        están las canciones que cantamos
        el baile que éramos, éramos.
        esa misma luna se desliza en lo alto
        otra y otra vez incontablemente.

en esos días, corazón
cualquier cosa podía ocurrir.
yo ya estaba fiera con sueños,
perdida en canciones locas de amor y de para siempre, siempre

        tú querías tenerme,
          tenerme firme.

sweetheart, i spun away.

now it comes to this,
all the years come to this: long afternoon lunches
we order and taste nothing
yet we are thirsty, so thirsty
"a refill, please," i say,
not looking at the waiter.

these days, pauses in phone conversations
can mean anything, anything at all.

because beneath warm skin,
there are private histories,
desert nights,
pulsing blood.

corazón, yo me fui girando.

ahora esto es lo que viene a dar,
lo que todos los años vienen a dar: largos almuerzos en la tarde
                    ordenamos y nada tiene sabor
                    pero tenemos sed, tanta sed
                    "me llena el vaso otra vez", digo,
                    ni mirando al mesero.

estos días, pausas en conversaciones telefónicas
          pueden significar cualquier cosa, cualquier cosa.

porque debajo de la piel caliente,
                    hay historias privadas,
                        noches en el desierto,
                        sangre que pulsa.

Angry Bites

Nick Williams

A minor dust storm covers up the blue sky
All we could see was sand
Rocks slammed against our legs like bee stings
And other sorts of different things
A river floods over its sides
Then, the bees come out of their hives

Those bees fly like angry crows
And sting anyone in sight
They have an angry bite
Their wings buzz like an annoying fly
They form a fly-by
We take cover in the port-a-potties

Mordidas Enojadas

Nick Williams

Una tormenta leve de polvo tapa al cielo azul
Todo lo que podíamos ver era arena
Rocas nos golpeaban las piernas como piquetes de abeja
Y otras clases de cosas diferentes
Un río se inunda derramándose por los lados
Entonces, las abejas salen de sus colmenas

Esas abejas vuelan como cuervos enojados
Y pican a quien esté a la vista
Tienen una mordida enojada
Sus alas zumbean como una mosca molestosa
Se forman en un *fly-by*
Buscamos refugio en los retretes

In New Mexico Territory, As Best I Understand.

Keith Wilson

The lights were softer, dangers
came more unannounced, more dashingly dressed.

There was a silence, surrounded by a violence,
potential, lethal, always from the shadows.

The distances between towns, the hard roads,
let the men, though they damned each other,

hardly ever meet, but then came the swift swift shots
of eyes, the clenched fists. . . .

It all began with men, and with women
edging, nudging them on. Perhaps the horses

were partly to blame, the killings sent the horses
wild, they danced on their whitestockinged feet

in their great eyes gunfire flashed and rolled.
Now we have all this. The gunfighters still hold

the cities and some of the towns. The horses are
mostly gone and it is the land that is dying.

My coyote friends and I sit separate in darkness
watching the winking lights. We remember.

En el Territorio de Nuevo México, Como lo Comprendo Yo.

Keith Wilson

Las luces eran más suaves, los peligros
venían más sin anunciarse, vestidos más briosos.

Había una silencio, rodeado de una violencia,
potencial, letal, siempre de las sombras.

Las distancias entre los poblados, los caminos duros,
permitía que los hombres, aunque se maldecían unos a los otros,

casi nunca se conocieran, pero entonces vinieron los tiros rápidos, rápidos
de ojos, los puños apretados. . . .

Todo comenzó con los hombres, y con las mujeres
animándolos, empujándolos. Quizás los caballos

tuvieron parte de la culpa, los caballos, enloquecidos por las
matanzas, bailaron en sus patas blancas

el fuego y el tiroteo retumbó y relampagueó en sus grandes ojos.
Ahora tenemos todo esto. Los pistoleros todavía controlan

las ciudades y algunos de los poblados. Ya casi no quedan
caballos y es la tierra la que se está muriendo.

Mis amigos coyotes y yo nos sentamos separados en la oscuridad
mirando las luces parpadeando. Nos acordamos.

Valley of the Rio Chama

(near Ghost Ranch—Rio Grande Institute)

Keith Wilson

The River, small at Fall, drifts through cotton
woods, greypinkblue hills, dropping slowly
down past Abiquiu, Española on its way to the sea

leaves, twigs, pieces of the mountain life upstream
carried along like picture postcards, or paintings

All this great flow, color, wind, light, is center
for something deeply anciently holy:

                     the leaves are
masks, the twigs dancing legs and arms, held
to the beat of River and an earth spinning under
the weakening Fall sun of harvest promise
before the high mountain winter comes with its own
icy mask

                Most of us here today are artists of some
sort, all caught embarrassed before this magnificence,
these glories of canyons, bluffs carved into standing
hooded figures, multicolored giant crayons the sun
has melted until they stand layer upon layer
in rich pastels, as if a prism had broken strewing
rare light into colors, freezing them there in sand
stone clay

                We walk away, murmur to each other of the
                weather, our small arts, our tiny worlds of
                imitation, longing that only we can inhabit.

My new friend, a painter, says, "I'm old enough to know
better than to try that!" and shakes his head.
But colors are words the voice of rock speaks.
How can they not be heard? How can we not listen?

—seeing the stream, hearing the leaves, golden and
brown in their own falling splendor, earth holding
all in her cupped hands of rock and color and
light.

El Valle del Río Chama
(cerca del Instituto Ghost Ranch-Río Grande)

Keith Wilson

El Río, pequeño en el otoño, navegando entre álamos,
colinas grisrosadoazules, descendiendo lentamente,
pasando Abiquiu, Española en su camino hacia el mar

hojas, ramas, pedazos de la vida montañosa río arriba
llevados como tarjetas postales, o pinturas

Todo este gran flujo, color, viento, luz, es centro
para algo profundamente ancianamente sagrado:

las hojas son
máscaras, las ramitas bailando piernas y brazos, apoderadas
del ritmo de Río y una tierra girando rápidamente debajo
del debilitado sol de otoño con su promesa de cosecha
antes de que venga el invierno montañoso con su propia
máscara helada

La mayoría de nosotros aquí hoy somos artistas de una
clase u otra, todos desconcertados ante esta magnificencia,
estas glorias de cañones, peñascos escarpados en forma de
figuras encapirotadas, creyones gigantes derretidos por el sol
hasta que se paran capa sobre capa
en vivos colores pastel, como si un prisma se hubiera roto esparciendo
luz cruda en los colores, congelándolos allí en arena
piedra arcilla

Nos encaminamos, murmurando uno al otro sobre el
clima, nuestras artes pobres, nuestros mundos pequeños de
imitación, un anhelo que solo nosotros podemos habitar.

Mi nuevo amigo, un pintor, dice "Menos mal que a mi edad ya sé que ni
debo intentarlo!" y vuelve su cabeza de un lado a otro.
Pero los colores son palabras que habla la voz de roca.
¿Cómo puede ser que no se oigan? ¿Cómo puede ser que no escuchemos?

—viendo la quebrada, escuchando las hojas, doradas y
bronceadas en su propia caída esplendorosa, tierra sosteniendo
todo en sus manos como una copa de roca y color y
luz.

The Arrival of My Mother
—*New Mexico Territory, 1906*

Keith Wilson

She got off, according to her diary,
dressed in a lovely beaded gown, fresh
from Washington with sixteen trunks of ballgowns,
chemises, blouses (4 Middle,) shoes and assorted
lingerie. She was at that time about 25, old
for an unmarried woman. Her stiff mother was at
her side, she also wildly overdressed for New Mexico
sun and wind.

What must she have thought, seeing my uncle standing,
hat in hand in the dust of that lonely train house,
cracked yellow paint, faded letters of welcome
for passengers that rarely come?

The buckboard was waiting and they rode out into
the darkness of evening toward the tent, that half
built frame homestead house, wind dying as the sun
sank, birdcries stilled.

I see her now outshooting my father and me, laughing
at our pride and embarrassment. My sister, as good a
shot, waiting her turn. Or that picture of her
on horseback, in Eastern riding clothes beside the Pecos.
A picnic when I was small and how my father lifted me up
to her and she carefully walked the horse around rock
and sand.

        I suppose she finally arrived in New Mexico
in the April of one year when my sister and I sat beside
a rented bed, each holding one of her hands and watched
her eyes grow childlike, unmasked as a kachina
entering the final kiva of this Dance. The graceful
the slim laughing woman of my childhood. The old mother
heavy with years slipped away and the woods of New
England dimmed as these dry hills ripened and caught
her last breath, drums, drums should have sounded
for the arrival of my mother.

La Llegada de Mi Madre
—Territorio de Nuevo México, 1906

Keith Wilson

Salió, de acuerdo a su diario,
vestida en un bello traje adornado con canutillos, recién llegada
de Washington con dieciséis baúles de trajes de noche,
camisas, blusas (4 Medio), zapatos y un surtido
deropa interior. Tenía en ese tiempo como 25 años, vieja
para una mujer soltera. Su madre tiesa estaba a
su lado, también estaba locamente sobrevestida para el sol
y el viento de Nuevo México.

¿Qué habrá pensado, viendo a mi tío parado,
sombrero en la mano en el polvo de esa solitaria casa de tren,
pintura amarilla agrietada, letras desteñidas dando la bienvenida
a pasajeros que casi nunca vienen?

El carretón estaba esperando y salieron
en la oscuridad del anochecer hacia la tienda, esa media
construída casa de madera, el viento calmándose mientras el sol
se hundía, los gritos de los pájaros ya callados.

La veo ahora ganándonos a mi padre y a mí en la puntería,riéndose
de nuestro orgullo y vergüenza. Mi hermana, igual de buena en la
puntería, esperando su turno. O esa foto de ella
montada a caballo, en traje de montar Europeo al lado de los montes de Pecos.
Una comida campestre cuando yo estaba pequeñito y cómo mi padre me levantó
hacia ella y ella cuidadosamente hizo caminar al caballo por las rocas
y la arena.

Supongo que finalmente llegó a Nuevo México
en Abril de un año cuando mi hermana y yo, sentados al lado de
una cama alquilada, cada uno agarrados de una de sus manos, miramos
sus ojos volverse como los de un niño, desenmascarados como un *kachina*
entrando el *kiva* final de este Baile. La delgada
mujer de mi niñez, riéndose, llena de gracia. La vieja madre
pesada con los años desvanecidos y los bosques de New
England oscureciéndose mientras estos montes secos se maduraban y cogían
su último respiro, tambores, tambores deberían de haber sonado
para la llegada de mi madre.

Biographies

Shannon Acoya, a Laguna/Hopi Indian, is a graduate of the University of New Mexico. She resides at Laguna Pueblo, New Mexico with her husband and son.

Lucile Adler lives in Santa Fe, New Mexico and is the author of *The Traveling Out, The Society of Anna, The Ripening Light: Selected Poems 1977-1987*. Her work is widely published and appears in *New Mexico Poetry Renaissance* (Red Crane Books, 1994). Ms. Adler is currently at work on *The Level Eye*, a collection of new poems.

Francisco X. Alarcón, a member of the PEN New Mexico Advisory Board, is a Chicano poet and educator who currently teaches at UC Davis. He is the author of nine collections of poetry including *No Golden Gate for Us* (Pennywhistle Press), *Snake Poems: An Aztec Invocation, Poemas Zurdos*; and, *Body in Flames*. He is the recipient of many awards including *The American Book Award 1993*, the *1993 PEN Oakland Josephine Miles Award* and the *1984 Chicano Literary Prize*.

Estevan Arellano is recipient of the *1993 Premio Nacional de Literatura José Fuentes Mares - Letras Chicanas*, one of Mexico's most prestigious literary awards, for his book *Inocencio: Ni pica ni escarda pero siempre se come el mejor elote*. Editor and Publisher of *arellano*, a magazine of land, water, culture and the arts of the Río Arriba bioregions as well as a world renowned expert on acequias, Mr. Arellano is the only writer using the vernacular Spanish of northern New Mexico and has attracted interest from other writers and artists in México and Spain, who consider this region the last reservoir of a language no longer found anywhere else in the world, and Arellano as the only writer recording it for posterity.

Robin Becker is the author of *Giacometti's Dog* (University of Pittsburgh Press, 1990). She is Associate Professor of English at Pennsylvania State University, Poetry Editor for *The Women's Review of Books* and member of the Board of Directors of the Associated Writing Programs. Her poems and reviews have appeared in publications including the *Albuquerque Journal, Boston Globe* and the *Boston Review*.

Charles Greenleaf Bell's books include the poetry collections *Songs for a New America, Delta Return* and *Five Chambered Heart*. His novels include *The Married Land* and *The Half Gods*. Mr. Bell writes and lectures on a wide range of subjects and has taught at Princeton and the University of Chicago; he presently resides in Santa Fe, New Mexico where he has been on the faculty of St. John's College.

Richard Bodner is the founder of Land of Enchantment Poetry Theater. His work can be found in *Talking from the Heart* (Men's Network, 1990). He is also half of *Like Water* (a collaboration of music and the spoken word) and caretaker of a nature preserve in northern New Mexico.

John Brandi, poet, painter, essayist, and teacher—has published many poetry books, including *That Back Road In, Hymn for a Night Feast, Poems from the Green Parade: A Haiku Journey to Nepal and Thailand* and a book of Southwest stories entitled *In The Desert We Do Not Count the Days* (Holy Cow!, 1991).

Paul Bufis' poems have appeared in numerous small press publications and magazines including *Southern Poetry Review, River Styx, Blue Unicorn* and *Permafrost*. He is a self-employed contractor/tradesman residing in Santa Fe, New Mexico.

Bobby Byrd is the author of *Get Some Fuses for the House* and has a manuscript, *On the Transmigration of Souls in El Paso*, currently searching for a publisher. He operates Cinco Puntos Press, an alternative press emphasizing southwestern literature, with his wife, Lee Merrill Byrd.

Ioanna Carlsen lives in Tesuque, New Mexico, where she canes and rushes chairs for a living and writes whenever she can. Her poems have appeared in *Poetry, Chelsea, The Hudson Review* and in many other literary magazines.

Jaime Chavez is a native Chicano poet, community organizer and media producer from Atrisco/Pajarito, New Mexico. His verse embraces the indigenous Nuevo Mexicano and peoples struggles to preserve an endangered way of life. He is currently editing his first book

Biografías

Shannon Acoya, indígena Laguna/Hopi, se graduó de la Universidad de Nuevo México. Ella reside en Laguna Pueblo, Nuevo México con su esposo e hijo.

Lucile Adler vive en Santa Fe, Nuevo México y es la autora de *The Trading Out, The Society of Anna, The Ripening Light: Selected Poems 1977-1987.* Su trabajo se ha publicado ampliamente y aparece en *New Mexico Poetry Renaissance* (Red Crane Books, 1994.. Srta. Adler está trabajando actualmente en *The Level Eye,* una colección de poemas nuevos.

Francisco X. Alarcón, un miembro del Consejo Directivo de PEN New Mexico, es un poeta y educador Chicano quien en la actualidad enseña en University of California at Davis. Es el autor de nueve colecciones de poesía incluyendo *No Golden Gate for Us* (Pennywhistle Press), *Snake Poems: An Aztec Invocation, Poemas Zurdos;* y, *Body in Flames.* Es el recipiente de muchos premios incluyendo *The American Book Award 1993,* el *1993 PEN Oakland Josephine Miles Award* y el *1984 Chicano Literary Prize.*

Estevan Arellano es recipiente del *1993 Premio Nacional de Literatura José Fuentes Mares - Letras Chicanas,* uno de los premios mexicanos literarios más prestigiosos, por su libro Inocencio. Ni pica ni escarda pero siempre se come el mejor elote. Editor y Publicador de *arellano,* una revista de tierra, agua, cultura y las artes de las bioregiones de Río Arriba igual que un experto mundialmente reconocido en acequias. El Sr. Arellano es el único escritor usando el español vernáculo del norte de Nuevo México y ha atraído el interés de otros escritores y artistas en México y España, quienes consideran esta región como el último reservorio de un lenguaje que ya no se encuentra en ninguna otra parte del mundo, y a Arellano como el único escritor en su estilo y anotándolo para la posteridad.

Robin Becker es la autora de *Giacometti's Dog* (University of Pittsburgh Press, 1990.) Ella es Profesora Asociada de Letras Inglesas en la Universidad Estatal de Pensilvania, Es Editora de Poesía para *The Women's Review of Books* y miembro de la Mesa Directiva de los Programas Asociados de Escritura. Sus poemas y críticas han aparecido en publicaciones incluyendo el *Albuquerque Journal, Boston Globe* y el *Boston Review.*

Los libros de **Charles Greenleaf Bell** incluyen las colecciones de poesía *Songs for a New America, Delta Return* and *Five Chambered Heart.* Sus novelas incluyen *The Married Land* y *The Half Gods.* Sr. Bell escribe y da conferencias sobre un rango amplio de temas y ha enseñado en Princeton y en la Universidad de Chicago; actualmente reside en Santa Fe, Nuevo México donde ha formado parte del cuerpo docente de St. John's College.

Richard Bodner es el fundador del Land of Enchantment Theater. Su trabajo se puede encontrar en *Talking from the Heart* (Men's Network, 1990.) También forma la mitad de *Like Water* (una colaboración de música y la palabra hablada) y cuidador de un parque de conservación.

John Brandi, poeta, pintor, ensayista, y maestro-ha publicado muchos libros de poesía, incluyendo *That Back Road In, Hymn for a Night Feast, Poems from the Green Parade: A haiku Journey to Nepal and Thailand* y un libro de historias del Suroeste de Norteamérica titulado *In The Desert We Do Not Count the Days* (Holy Cowl, 1991).

Los poemas de **Paul Bufis** han aparecido en numerosas publicaciones de imprentas pequeñas y revistas incluyendo *Southern Poetry Review, River Styx, Blue Unicorn* y *Permafrost.* El es un constuctor/comerciante independiente residiendo en Santa Fe, Nuevo México.

Bobby Byrd es el autor de *Get Some Fuses for the House* y tiene un manuscrito, *On the Transmigration of Souls in El Paso,* en la actualidad está buscando un editorial. El opera Cinco Puntos Press, una imprenta alternativa enfatizando literatura del suroeste norteamericano, junto con su esposa, Lee Merrill Byrd.

Ioanna Carlsen vive en Tesuque, Nuevo México, donde trabaja con bejuco para hacer sillas para ganarse la vida y escribe cuando puede. Sus poemas han aparecido en *Poetry, Chelsea, The Hudson Review* y muchas otras revistas literarias más.

Jaime Chavez es un poeta nativo Chicano, organizador comunitario y procutor para el medio de Atrisco/Pajarito, Nuevo México. Su verso abraza el nuevomexicano indígena y las luchas de las gentes para preservar un estilo de vida en peligro de desaparecer. En la actualidad, él

of poems for publication in the Spring of 1995.

Peggy Pond Church spent most of her life on the Pajarito Plateau at the base of the Jemez Mountains west of Santa Fe and her poetry speaks of the surrounding dramatic landscape. Her works include *The House at Otowi Bridge* (1960), *New & Selected Poems* (1976), *A Rustle of Angels* (1981), *Selected Poems 1930-1982, Birds of Daybreak* and *This Dancing Ground of Sky* (Red Crane Books, 1993).

Jane Candia Coleman was the Founder and Director of the Women's Creative Writing Center at Carlow College in Pittsburgh. In addition, she is past recipient of two *Western Heritage Awards,* one for poetry in 1991 and one for short fiction in 1992. Her novel, *Doc Holliday's Woman,* is due out in early-1995 from Warner Books. Her poetry books include *The Red Drum* (High Plains Press, 1995) and *No Roof But Sky* (High Plains Press, 1991.)

Sheila Cowing is past editor of *ShoeTree,* a national children's literary magazine. Her poems have appeared in literary magazines all over the country and in 1988 her poetry earned the *Distinguished Artist Fellowship* from the New Jersey Arts Council.

Craig Denton was born and raised in St. Louis, Missouri and has lived in California, New Mexico and Ireland. He is the author of *River Returns* (Footfalls Press, 1993). His work has appeared in *Blind Date Quarterly, Shock's Bridge, Jerome* on KALX and *Voice Free.*

Victor di Suvero is a poet, critic, President of the Poetry Center of New Mexico and Publisher of Pennywhistle Press books. His work has appeared in *ONTHEBUS, Crosswinds Magazine* and other literary journals. Author of *Tesuque Poems, The San Francisco Poems* and *The Net and Other Poems,* he lives in Tesuque, New Mexico.

Robert Edwards' work has appeared in many literary magazines. His books include *Radio Venceremos* (1990), with an introduction by Thomas McGrath, *Nixies* (1993) and a chapbook entitled *A Trick of the Light* (1993).

Morgan Farley, Ph.D., is a writer and psychotherapist in private practice in Santa Fe, New Mexico. A chapbook of her poems, *Name Yourself Feast,* was published by San Marcos Press. In addition, Morgan is a "sought after workshop leader" who offers highly successful small-group writing classes in Santa Fe which fill to capacity as quickly as they are announced.

Thomas Fitzsimmons' latest book is *Water Ground Stone* (with Karen Hargreaves-Fitzsimmons) (Katydid Books/University of Hawaii Press.) He lives in Santa Fe, New Mexico and is co-publisher of Katydid Books.

Carolyn Forché presently teaches in the English Department at George Mason University. Her works include *Gathering the Tribes, The Country Between Us, The Angel of History* and she is the editor of a very important anthology entitled *Against Forgetting.*

Gene Frumkin recently retired from the English Department at the University of New Mexico. His works include *Comma in the Ear* (Living Batch Press), *Saturn is Mostly Weather: Selected and Uncollected Poems* (Cinco Puntos Press), *The Hawk and the Lizard* (Swallow, 1963) and he is co-editor of the 1977 anthology, *The Indian Rio Grande: Recent Poems from 3 Cultures.* He lives in Albuquerque, New Mexico.

Cecilio Garcia-Camarillo is a graduate of the University of Texas at Austin where he studied the modern British novel. He is past recipient of an *National Endowment for the Arts Poetry Fellowship* and past editor and founder of three Chicano literary journals: *Magazin, Caracol* and *RAYAS.*

Greg Glazner was born in Texas and educated at the University of Montana. Along with winning the *1991 Walt Whitman Award* from the Academy of American Poets, he received the *Bess Hokin Award* from *Poetry.* He lives in Santa Fe, New Mexico, where he teaches creative writing at the College of Santa Fe. He is the author of *From the Iron Chair* (Norton, 1991) and his work appears in *New Mexico Poetry Renaissance* (Red Crane Books, 1994).

Renée Gregorio's new collection of poetry, *Skins of Possible Lives,* will be published by Blinking Yellow Books in 1994. She is the author of *The X Poems* (The X Press) and *Circling Orgasmic* (12th Street Press). A freelance book editor, she received her M.A. in Creative Writing from Antioch University in London.

Drum Hadley runs a ranch in the Mexican Border Country and has cowboyed in Arizona and in both New and Old Mexico. He attended the University of Arizona and is the author of four

está editando su primer libro de poemas para su publicación en la primavera de 1995.

Peggy Pond Church pasó la mayoría de su vida en Pajarito Plateau a la falda de las Montañas Jémez al oeste de Santa Fe y su poesía habla del paisaje dramático a su alrededor. Sus obras incluyen *The House at Otowi Bridge* (1960), *New & Selected Poems* (1976), *A Rustle of Angels* (1981), *Selected Poems 1930-1982, Birds of Daybreak* y *This Dancing Ground of Sky* (Red Crane Books, 1993).

Jane Candia Coleman fué la Fundadora y Directora del Centro para la Escritura Creativa para Mujeres en Carlow College en Pittsburgh. Adicionalmente, es una recipiente pasada de dos premios *Western Heritage Awards*, uno por la poesía en 1991 y uno por la ficción corta en 1992. Espera sacar su novela, *Doc Holliday's Woman*, temprano en el año 1995 de Warner Books. Sus libros de poesía incluyen *The Red Drum* (High Plains Press, 1995) y *No Roof But Sky* (High Plains Press, 1991.)

Sheila Cowing es editora pasada de *ShoeTree*, una revista nacional de la literatura infantil. Sus poemas han aparecido en revistas literarias por todo el país y en 1988 su poesía ganó la *Distinguished Artist Fellowship* del Consejo de las Artes de Nuevo Jersey.

Craig Denton nació y se crió en St. Louis, Missouri y ha vivido en California, Nuevo México e Irlanda. El es el autor de *River Returns* (Footfalls Press, 1993). Sus obras han aparecido en *Blind Date Quarterly, Shock's Bridge, Jerome on KALX* y *Voice Tree*.

Victor di Suvero es poeta, crítico, Presidente del Poetry Center of New Mexico y Publicador de libros de Pennywhistle Press. Su trabajo ha aparecido en *ONTHEBUS, Crosswinds Magazine* y otras revistas literarias. Autor de *Tesuque Poems, The San Francisco Poems* y *The Net and Other Poems*, él vive en Tesuque, Nuevo México.

El trabajo de **Robert Edwards** ha aparecido en muchas revistas literarias. Sus libros incluyen *Radio Venceremos* (1990), con una introducción por Thomas McGrath, *Nixies* (1993) y un librito de versos titulado *A Trick of the Light* (1993).

Morgan Farley, Ph.D., es escritora y psicoterapéuta en práctica privada en Santa Fe, Nuevo México. Un librito de sus poemas, *Name Yourself Feast*, fue publicado por San Marcos Press. Además, Morgan es una facilitadora de talleres "codiciada" quien ofrece clases para grupos pequeños para la escritura en Santa Fe. Estos grupos han sido un gran éxito y su capacidad se llena tan pronto como se mencionan.

El libro más nuevo de **Thomas Fitzsimmons** es *Water Ground Stone* (con Karen Hargreaves-Fitzsimmons) (Katydid Books/University of Hawaii Press.) El vive en Santa Fe, Nuevo México y es co-publicador de Katydid Books.

Carolyn Forché enseña en la actualidad en el Departamento de Letras Inglesas en George Mason University. Sus obras incluyen *Gathering the Tribes, The Country Between Us, The Angel of History* y ella es editora de una antología importante titulada *Against Forgetting*.

Gene Frumkin recientemente se retiró del Departamento de Letras Inglesas de la Universidad de Nuevo México. Sus obras incluyen *Comma in the Ear* (Living Batch Press), *Saturn is Mostly Weather: Selected and Uncollected Poems* (Cinco Puntos Press), *The Hawk and the Lizard* (Swallow, 1963) y él es co-editor de la antología de 1977, *The Indian Rio Grande: Recent Poems from 3 Cultures*. El vive en Albuquerque, Nuevo México.

Cecilio García-Camarillo es un graduado de la Universidad de Texas en Austin donde estudió la novela británica moderna. Es un recipiente pasado de una *National Endowment for the Arts Poetry Fellowship* y editor pasado y fundador de 3 revistas literarias Chicanas: *Magazín, Caracol* y *RAYAS*.

Greg Glazner nació en Texas y se educó en la Universidad de Montana. Junto con ganar el *Walt Whitman Award de 1991* de la *Academia Americana de Poetas*, él recibió el *Bess Hokin Award de Poetry*. El vive en Santa Fe, Nuevo México, donde enseña escritura creativa en la College of Santa Fe. El es autor de *From the Iron Chair* (Norton, 1991) y su trabajo aparece en *New Mexico Poetry Rennaisance* (Red Crane Books, 1994).

La colección nueva de poesia de **Renée Gregorio**, *Skins of Possible Lives*, será publicada por Blinking Yellow Books en 1994. Ella es autora de *The X Poems* (The X Press) y *Circling Orgasmic* (12th Street Press.) Editora independiente, ella recibió su Maestría en Escritura Creativa de la Universidad Antioch en Londres.

Drum Hadley administra un rancho en la región de la frontera México-E.E.U.U. y ha sido vaquera en Arizona y en ambos el México Nuevo y el Viejo. Ella asistió a la universidad de

books of poetry including *Strands of Rawhide, The Spirit by the Well Tank, The Webbing* and *A Vision.*

Susan Hafen is a southwesterner born and bred—who sings, weaves, rides horses and writes poetry. New Mexico will always be home to her—no matter where she is. She is especially fond of the Pecos Wilderness.

Joy Harjo is the author of *She Had Some Horses, What Moon Drove Me to This?, The Last Song* and *Secrets from the Center of the World* as well as recipient of many awards for her poetry. She has been an associate professor of English at the University of Arizona, an instructor at the Institute of American Indian Arts and an assistant professor at the University of Colorado in addition to working as an editor, screenwriter and tenor saxplayer. She is a member of the Creek (Muscogee) tribe.

Penny Harter's books include *Stages and Views* (Katydid Books, 1994), *Shadow Play* (Simon & Schuster, 1994) and *Grandmother's Milk* (Singular Speech Press, 1995). She lives in Santa Fe, New Mexico and teaches English at Santa Fe Preparatory School.

Christine Hemp writes and paints in her tower next to the Rio Hondo in Valdez. She recently received a grant from the *Barbara Deming Foundation* for her poetry manuscript *Outgrowing My Body.* She teaches at the University of New Mexico's Taos Branch.

William J. Higginson has published poems, stories, critical articles and translations world-wide. His *Haiku Handbook: How to Write, Share, and Teach Haiku* is the standard work in its field.

Judyth Hill is a dynamic performance poet, full-time writer, teacher, journalist and columnist for the *Albuquerque Journal.* Her books include *Hardwired for Love, Baker's Baedeker, The Goddess Cafe, Season of Angels* and the forthcoming *Men Need Space.* Educated at Sarah Lawrence College, she lives in northern New Mexico.

Janet Holmes is the author of *Paperback Romance* (State Street Press, 1984) and *The Physicist at the Mall* (Anhinga Press, 1994.) She is also recipient of a *Minnesota State Arts Board* grant and a *Bush Foundation Artist's Fellowship.* Her poems have been widely published in literary magazines such as *Antaeus, New Letters, Poetry Northwest, Prairie Schooner, Puerto del Sol* and *Tar River Poetry.* A long-time resident of Nambé, New Mexico, Janet now lives in Minnesota with her husband, Alvin Greenberg, and their three dogs.

Robyn Hunt is the author of *simply, windows* (Red Flower, 1988), *Absence and Heart* (Red Flower, 1979) and *La Suerte deunhombre/The Luck of a Man*) (Red Flower, 1985). Her work has appeared in numerous publications including *Women Rich* and *Pacific Review.* She returned to New Mexico from San Francisco in 1990 and has been involved in bookselling and publishing in Santa Fe, New Mexico.

Max Paz Kline, a 12 year old sixth grader at Desert Academy in Lamy, New Mexico, was born in the mountain village of Las Trampas, New Mexico. His poetry has been published in *The New Mexican* and he has read his poetry at readings in Santa Fe. He has also performed publicly as an actor and singer and has recorded a song for an upcoming album. He likes basketball and skiing and hanging out with his friends.

Elizabeth Searle Lamb is an internationally published haiku poet and critic, as well as a writer of prose. A charter member of The Haiku Society of America and a past president, she edits the haiku quarterly *Frogpond.* Her book *Casting into a Cloud: Southwest Haiku,* is now in its second printing.

Harold Littlebird is a Native American from Laguna and Santo Domingo pueblos. He has received many awards, including a National Endowment for the Arts Crafts Fellowship for pottery. A multifaceted artist with a national reputation as poet, songwriter, potter, and performer, he has been an artist-in-residence in schools throughout the United States and has recorded two cassettes of his poetry and music, *A Circle Begins* and *The Road Back In.* His book of poetry, *On Mountain's Breath* (Tooth of Time Books, 1982) is in its third printing.

Joan Logghe is past Poetry Editor of *Mothering Magazine* and recipient of a National Endowment for the Arts Fellowship for Poetry. Her work has appeared in *Puerto del Sol, Taos Review, Hayden's Ferry Review* and *Fishdrum* in addition to several anthologies. Her books include *A Lunch Date with Beauty, Poems from the Russian Room, What Makes a Woman Beautiful*

Arizona y es autor de cuatro libros de poesía incluyendo *Strands of Rawhide, The Spirit by the Well Tank, The Webbing* and *A Vision*.

Susan Hafen es originaria del suroeste noretamericano-nacio y críada-quien canta, teje, monta a caballo y escribe poesía. Nuevo México será siempre su hogar-sin importar donde esté. Está especialmente encariñada con la Tierra Virgen de Pecos.

Joy Harjo es la autora de *She Had Some Horses, What Moon Drove Me to This?, The Last Song* y *Secrets from the Center of the World* igual que es recipiente de muchos premios por su poesía. Ella ha sido profesora asociada en Letras Inglesas en la Universidad de Arizona, instructora en el Instituto Americano de Artes Indígenas y una profesora adjunta en la Universidad de Colorado, además de su trabajo como editora, guionista y tocadora del saxofón tenor. Ella forma parte del tribu Creek (Muscogee).

Los libros de **Penny Harter** incluyen *Stages and Views* (Katydid Books, 1994), *Shadow Play* (Simon & Schuster, 1994) y *Grandmother's Milk* (Singular Speech Press, 1995). Ella vive en Santa Fe, Nuevo México y enseña Letras Inglesas en la Santa Fe Preparatory School.

Christine Hemp escribe y pinta en su torre junta al Río Hondo en Valdéz. Recientemente ella recibió una beca de la *Barbara Deming Foundation* por su manuscrito de poesía *Outgrowing My Body*. Ella enseña en la extensión de La Universidad de Nuevo México en Taos.

William J. Higginson ha publicado poemas, historias, piezas de crítica y traducciones por todo el mundo. Su libro Haiku Handbook: *How to Write, Share, and Teach Haiku* es una obra modelo en su campo.

Judyth Hill es una poeta dinámica de poesía actuada, escritora, maestra, periodista y columnista para el *Albuquerque Journal*. Sus libros incluyen *Hardwired for Love, Baker's Baedeker, The Goddess Cafe, Season of Angels* y el venidero *Men Need Space*. Educada en Sarah Lawrence College, ella vive en el norte de Nuevo México.

Janet Holmes es autora de *Paperback Romance* (State Street Press) y *The Physicist at the Mall* (Anhinga Press, 1994.) Ella también es la recipiente de una beca de la *Minnesota State Arts Board* y una *Bush Foundation Artist's Fellowship*. Su poesía ha sido ampliamente publicada en revistas literarias tales como *Antaeus, New Letters, Poetry Northwest, Prairie Schooner, Puerto del Sol* y *Tar River Poetry*. Una residente de Nambé, Nuevo México, por muchos años, Janet ahora vive en Minnesota con su esposo, Alvin Greenberg, con sus tres perros.

Robyn Hunt es autora de *simply, windows* (Red Flower, 1988), *Absence and Heart* (Red Flower, 1979) y La Suerte de un hombre *The Luck of a Man* (Red Flower, 1985). Su trabajo ha aparecido en numerosas publicaciones incluyendo *Women Rich* y *Pacific Review*. Ella regresó a Nuevo México de San Francisco en 1990 y ha sido involucrada en la venta de libros y su publicación en Santa Fe, Nuevo México.

Max Paz Kline, de doce años de edad, en el sexto grado en Desert Academy en Lamy, Nuevo México, nació en Las Trampas, un pequeño pueblo en las montañas de Nuevo México. Su poesía ha sido publicada en *The New Mexican* y ha leído su poesía en lecturas en Santa Fe. También se ha presentado públicamente como actor y cantante y ha grabado una canción para un álbum por salir. Le gusta jugar basquetbol y esquiar y estar con sus amigos.

Elizabeth Searle Lamb es una poeta y crítica de haiku publicada internacionalmente al igual que una escritora de prosa. Siendo miembro fundador de la *Haiku Society of America* y una de sus presidentes pasados, ella edita la publicación trimestral de haiku *Frogpond*. Su libro *Casting into a Cloud: Southwest Haiku*, ya está en su segunda edición.

Harold Littlebird es un indígena norteamericano de los pueblos Laguna y Santo Domingo. El ha recibido muchos premios, incluyendo a una *National Endowment for the Arts Fellowship* para la alfarería. Un artista multifacetado con una reputación internacional como poeta, compositor de canciones, alfarero y actor, él ha sido un artista-en-residencia en escuelas por todo los Estados Unidos Norteamericanos y ha grabado dos cintas de su poesía y música, *A Circle Begins* y *The Road Back In*. Su libro de poesía, *On Mountain's Breath* (Tooth of Time Books, 1982) está en su tercera impresión.

Joan Logghe fue Editora de Poesía de *Mothering Magazine* y recipiente de un *National Endowment for the Arts Fellowship* for *Poetry*. Sus obras han aparecido en *Puerto del Sol, Taos Review, Hayden's Ferry Review* and *FishDrum* además de varias antologías. Sus libros incluyen *A Lunch Date with Beauty, Poems from the Russian Room, What Makes a Woman Beautiful*

(Pennywhistle Press, 1993) and the upcoming *Twenty Years in Bed with the Same Man*. She lives in the Española valley in northern New Mexico and offers writing workshops nationally and locally.

Robert Hill Long teaches in the Creative Writing Program at the University of Oregon. His work has appeared in *Kenyon Review, Massachusetts Review* and *Poetry*. He is the author of *The Power to Die* (Cleveland State University Press).

Consuelo Luz is a singer, songwriter, poet, recording artist and playwright as well as the host and writer of a nationally syndicated Spanish radio show. She has produced two original albums of her poetry and music: *"Se Fue la Nina"* and *"Espiritu de Amor."* A collection of her work, *Open Air*, is forthcoming from Pennywhistle Press in 1995.

Amalio Madueño received his M.F.A. in Poetry from the University of California at Irvine. His work has appeared in *Poetry, The Americas Review, Exquisite Corpse, Prairie Schooner, Pequod* and the *Wyoming Review*. His reviews of poetry have appeared in *Hispanic Magazine*, the *Albuquerque Journal* and *ONTHEBUS*.

E. A. Mares is a poet, playwright and critic. A native of New Mexico, he is currently a professor at the University of North Texas, where he teaches creative writing. Mares' scholarly works on Padre Antonio José Martinez are highly regarded and his one-man show about the Padre entitled *I Returned and Saw Under the Sun* was published by University of New Mexico Press.

N. Scott Momaday is the recipient of numerous awards including the *Academy of American Poets Prize*, the *Pulitzer Prize* and the *Premio Letterario Internazionale "Mondello,"* Italy's highest literary award. Mr. Momaday lives in Arizona and New Mexico. He is the author of *In the Presence of the Sun* (St. Martin's Press.)

Linda Monacelli-Johnson is a freelance writer and editor who lives in Santa Fe, New Mexico. She is the author of *Lacing the Moon* (Cleveland State University Poetry Center, 1978) and *Weathered* (Sunstone Press, 1986). Her poems have been translated into Italian and published in Italy, as well as in literary magazines and anthologies around the country.

Raquel Montoya was a student in the English and Women's Studies Departments at the University of New Mexico in Albuquerque. Her work has appeared in *Other Voices, Blue Mesa Review* and *Spectrum*.

Cathryn McCracken lives in Albuquerque, New Mexico. Her poetry has appeared in *Blue Mesa Review, Chelsea, Xanadu, Exit 13* and *Up Against The Wall, Mother*, among other literary magazines.

Mary McGinnis has had her work published in various anthologies and small press magazines. In addition, her chapbook, *Private Stories on Demand*, has also been published. She is inspired by the fragile beauty of New Mexico and the challenge of working full-time as a counselor while making time for her writing.

Karen McKinnon has a forthcoming volume of poems, *Virtual Allusions*, due out from Solo Press in 1995. She was a National Endowment for the Arts Poet-in-the-Schools of New Mexico and a Writer-in-Residence at the Wurlitzer Foundation in Taos, New Mexico. She teaches creative writing for the University of New Mexico, the Turquoise Trail Arts Council and the Southwest Writers Conference, Albuquerque, New Mexico.

Nora Naranjo-Morse is a Tewa Indian from the Santa Clara Pueblo who creates highly sought after clay sculptures that blend traditional and modern styles. Her book, *Mud Woman: Poems from the Clay* (University of Arizona Press, 1992) explores the creative process of working with clay using the medium of poetry.

Stanley Noyes lives in Santa Fe, New Mexico and is the author of *The Commander of Dead Leaves* (Tooth of Time Books). His writings have appeared in *Cedar Rock, Floating Island, Greenfield Review* and *Blue Unicorn*.

Marian Olson lives in Santa Fe, New Mexico and is a retired professor of creative writing. Her poems have appeared in a variety of publications and she is the author of three volumes of poetry.

V. B. Price is a poet, political and environmental writer, editor and teacher. His two latest books are *A City at the End of the World* (University of New Mexico Press, 1992) and a book of poems, *Chaco Body* (Artspace Press, 1990.) Price's other works include *The Cyclop's Garden*

(Pennywhistle Press, 1993) y el venidero *Twenty Years in Bed with the Same Man*. Ella vive en el valle de Española en el norte de Nuevo México y ofrece cursos en escritura local y nacionalmente.

Robert Hill Long enseña en el Programa para la Escritura Creativa en la Universidad de Oregón. Su trabajo ha aprecido en *Kenyon Review, Massachusetts Review* y *Poetry*. El es autor de *The Power to Die* (Cleveland University Press).

Consuelo Luz es cantante, compositora de canciones, poeta, artista grabada y dramaturga igual que la anfitriona de un programa de radio en español sindicado nacionalmente. Ella ha producido dos álbumes originales de su poesía y música: "*Se Fue la Niña*" y "*Espíritu de Amor.*" Una colección de su trabajo, *Open Air*, es venidera de Pennywhistle Press en 1995.

Amalio Madueño recibió su Maestría en Bellas Artes en Poesía se la Universidad de California en Irvine. Sus obras se han presentado en *Poetry, The Americas Review, Exquisite Corpse, Prairie Schooner, Pequod* y la *Wyoming Review*. Sus críticas de la poesía han aparecido en *Hispanic Magazine*, el *Albuquerque Journal* y *ONTHEBUS*.

E.A.Mares es poeta, dramaturgo y crítico. Originario de Nuevo México, actualmente es profesor en la Universidad del Norte de Texas, donde enseña escritura creativa. Los trabajos académicos de Mares acerca del Padre Antonio José Martínez están sumamente respetados y su presentación individual acerca del Padre titulada *I Returned and Saw Under the Sun* fue publicada por el University of New Mexico Press.

N. Scott Momaday es el recipiente de numerosos premios incluyendo al *Academy of American Poets Prize*, el *Premio Pultizer* y el *Premio Letterario Internazionale "Mondello,"* el premio mayor de Italia en la literatura. El Sr. Momaday vive en Arizona y Nuevo México. Es autor de *In the Presence of the Sun* (St. Martin's Press.)

Linda Monacelli-Johnson es escritora y editora independiente quien vive en Santa Fe, Nuevo México. Es autora de *Lacing the Moon* (Cleveland State University Poetry Center, 1978) y *Weathered* (Sunstone Press, 1986). Sus poemas se han traducido al italiano y publicado en Italia, igual que en revistas literarias y antología por todo el país.

Raquel Montoya fué estudiante en los Departamentos de Letras Inglesas y de Estudios de la Mujer en la Universidad de Nuevo México en Albuquerque. Su trabajo ha aparecido en *Other Voices, Blue Mesa Review* y *Spectrum*.

Cathryn McCracken vive en Albuquerque, Nuevo México. Su poesía se ha presentado en *Blue Mesa Review, Chelsea, Xanadu, Exit 13* y *Up Against The Wall, Mother*, entre otras revistas literarias.

Mary McGinnis ha tenido su trabajo publicado en varias antologías y revistas presentadas por impresoras pequeñas. Además, su librito de versos, *Private Stories on Demand*, también se ha publicado. Ella está inspirada por la belleza frágil de Nuevo México y el reto de trabajar tiempo completo como consejera a la vez que toma tiempo para su escritura.

Karen McKinnon tiene un volúmen venidero de poemas, *Virtual Allusions*, planeado para publicación en 1995 por Solar Press. Ella fué una Poeta en las Escuelas de la *National Endowment for the Arts* en la *Fundación Wurlitzer* en Taos, Nuevo México. Ella enseña escritura creativa en la Universidad de Nuevo México, en el Consejo del las Artes de Turqoise Trail y en la Southwest Writers' Conference, Albuquerque, Nuevo México.

Nora Naranjo-Morse es indígena Tewa del Santa Clara Pueblo quien crea esculturas de barro en mucha demanda que mezclan sus estilos tradicionales y modernos. Su libro, *Poems from the Clay* (University of Arizona Press, 1992) explora el proceso creativo de trabajar con barro usando el medio de la poesía.

Stanley Noyes vive en Santa Fe, Nuevo México y es autor de *The Commander of Dead Leaves* (Tooth of Time Books). Sus escrituras han aparecido en *Cedar Rock, Floating Island, Greenfield Review* y *Blue Unicorn*.

Marian Olson vive en Santa Fe, Nuevo México y es profesora jubilada de escritura creativa. Sus poemas han aparecido en una variedad de publicaciones y ella es autora de tres volúmenes de poesía.

V.B. Price es poeta, escritor político y ambiental, editor y maestro. Sus dos libros más recientes son *A City at the End of the World* (University of New Mexico Press, 1992) y un libro de poemas, *Chaco Body* (Artspace Press, 1990.) Otras obras de Price incluyen *The Cyclop's*

(San Marcos, 1969), *Semblances* (Sunstone Press, 1976) and *Documentaries* (Running Women Press, 1985) with book artist Paula Hocks. He teaches architectural and environmental criticism at the University of New Mexico.

Leo Romero is a native New Mexican and past recipient of a *National Endowment for the Arts Fellowship* and a *Pushcart Prize* winner. His works include *Agua Negra* (Ahsahta Press, 1981), *Celso* (Arte Público Press, 1984) and *Going Home Away Indian* (Ahsahta Press, 1990). His work will also appear in the anthology *After Aztlan: Latino Poets of the Nineties* (David R. Godine Publisher, 1992) and in *Paper Dance: Fifty-four Latino Poets* (Persea Books, 1994). He owns and operates Books and More Books, with his wife, the painter Elizabeth Cook.

Levi Romero is a native northern New Mexican, raised in the Embudo Valley. An award-winning poet, his work has appeared in literary publications throughout the country. A collection of his poetry was recently staged in New York City.

Miriam Sagan's poetry collection is comprised of fifteen books, chapbooks and cassette tapes. Poetry books include *Aegean Doorway* (Zephyr Press, 1984), *Acequia Madre: Through the Mother Ditch* (Adastra Press, 1988), *True Body* (Parallax Press, 1991), *Pocahontas Discovers America* (Adastra Press, 1993) and *The Art of Love: New and Selected Poems* (La Alameda, 1994). She recently received a *Barbara Deming/Money for Women* grant to write a poetry cycle on the life of birth control crusader Margaret Sanger.

Jim Sagel is a bilingual writer who has published eleven books of poetry, fiction and nonfiction. Recent books include *El Santo Queso/The Holy Cheese* (Ediciones del Norte, 1990), *Otra Vez en la Movida/On the Make Again: New and Collected Poems* (West End Press, 1990), and *Dancing to Pay the Light Bill: Essays on New Mexico and the Southwest* (Red Crane Books, 1992). His best known work to date is *Tunomás Honey* (*Only You, Honey*), which was awarded the *Premio Casa de las Americas*, one of the most prestigious literary prizes in the western hemisphere. His most recent work is *Where the Cinnamon Winds Blow/Donde spolan los vientos de canas* (Red Crane Books, 1993), a bilingual novel for young adults. He is Director of Arts and Social Sciences at the University of New Mexico and has lived in Española, New Mexico, since 1970 with his wife, Teresa Archuleta-Sagel, a weaver of Rio Grande textiles.

Rebecca Seiferle is the author of *The Ripped-Out Seam* (Sheep Meadow Press, 1993) and a translation of César Vallejo's *Trilce* (Sheep Meadow Press, 1992). She is recipient of the *Bogin Award* from the Poetry Society of America, the *1990 Writers Exchange Award*, and the *Santa Cruz Writers' Union Award*. Her work has been featured in *Prairie Schooner*, *Taos Review*, *Blue Mesa Review*, *Calyx*, *Triquarterly* and *Indiana Review*.

David Carlson Smith translates Latin American literature. His English translation of *Trilce*, a 1922 book of poems by César Vallejo, was printed in Japan and published in an illustrated bilingual edition by Viking Press in 1972. A past contributing editor for *The American Poetry Review*, Smith also translated *Americka Amerikka, Amerikkka*, a novel about the Hispanic/hippie sixties Berkeley scene by Fernando Alegria. Smith currently practices law and writes screenplays in Santa Fe, New Mexico.

Glen Sorestad is a well-known Canadian poet who lives in Saskatoon. His latest books of poetry include *West Into Night* (Thistledown Press, 1991) and *Air Canada Owls* (Harbor Publishing, 1990). He is a frequent traveler to the southwest.

Michael Sutin practices law in Santa Fe, New Mexico. He is a member of the Board of Directors of PEN New Mexico, an honorary member of the New Mexico Book Association and guiding light and officer of The Poetry Center of New Mexico as well as member of Live Poet's Society.

Luci Tapahonso is a Navajo Indian born in Shiprock, New Mexico, the author of several books of poetry and has been an Assistant Professor of English, Women's Studies and American Indian Studies at the University of New Mexico in Albuquerque. She currently teaches at the University of Kansas in Lawrence. Her poetry collections include *A Breeze Swept Through* (West End Press) and *Sáanii Dahataaɬ (The Women are Singing)* (University of Arizona Press, 1994).

Jeanie C. Williams studied poetry at Miami University and earned her B.A. in Theatre & English from Humboldt State University. She has studied poetry in the graduate programs of San Francisco State, the University of Iowa and UC Berkeley and has studied with David

Garden (San Marcos, 1969), *Semblances* (Sunstone Press, 1976) y *Documentaries* (Running Women Press, 1985) con la artista de libros Paula Hocks. El enseña crítica arquitectural y ambiental en la Universidad de Nuevo México.

Leo Romero es originario de Nuevo México y un recipiente pasado de un *National Endowment for the Arts Fellowship* y ganador del *Pushcart Prize*. Sus trabajos incluyen *Agua Negra* (Ahsahta Press, 1981), *Celso* (Arte Público Press, 1984) y *Going Home Away Indian* (Ahsahta Press, 1990). Su obra aparecerá en la antología *After Aztlan: Latino Poets of the Nineties* (David R. Godine Publisher, 1992) y en *Paper Dance: Fifty-four Latino Poets* (Persea Books, 1994). Es propietario y operador de books, Books and More Books, con su esposa, la pintora Elizabeth Cook.

Levi Romero es originario del norte de Nuevo México, criado en el Valle de Embudo. Un poeta ganador de premios, su trabajo ha aparecido en publicaciones literarias atravéz del país. Una colección de su poesía se montó recientemente en la ciudad de Nueva York.

La colección de poesías de **Miriam Sagan** se compone de quince libros, libritos de versos, y cintas. Libros de poesía incluyen *Aegean Doorway* (Zephyr Press, 1984), *Acequia Madre: Through the Mother Ditch* (Adastra Press, 1988), *True Body* (Parallax Press, 1991), *Pocahontas Discovers America* (Adastra Press, 1993) y *The Art of Love: New and Selected Poems* (La Alameda, 1994). Ella recientemente recibió una beca de *Barbara Deming/Money for Women* para escribir un ciclo de poesía sobre la vida de la activista en pro del control de la natalidad Margaret Sanger.

Jim Sagel es escritor bilingüe quien ha publicado once libros de poesía, ficción y no-ficción. Libros recientes incluyen *El Santo Queso/The Holy Cheese* (Ediciones del Norte, 1990), *Otra Vez en la Movida/On the Make Again: New and Collected Poems* (West End Press, 1990), y *Dancing to Pay the Light Bill: Essays on New Mexico and the Southwest* (Red Crane Books, 1992.) Su obra mejor conocida hasta la fecha es *Tunomás Honey (Only You, Honey)*, que ganó el *Premio Casa de las Américas*, uno de los premios literarios más prestigiosos en el hemisferio occidental. Su trabajo más reciente es *Where the Cinnamon Winds Blow/Donde soplan los vientos de canas* (Red Crane Books, 1993), una novela bilingüe para adultos jóvenes. El es Director de las Artes y Ciencias Sociales en la Universidad de Nuevo México y ha vivido en Española, Nuevo México, desde 1970 con su esposa, Teresa Archuleta-Sagel, una tejedora de textiles del Río Grande.

Rebecca Seiferle es autora de *The Ripped-Out Seam* (Sheep Meadow Press, 1993) y ella hizo una traducción de *Trilce* (Sheep Meadow Press, 1992) de César Vallejo. Ella es recipiente del *Bogin Award de la Sociedad Americana de Poesía*, el premio de *1990 Writers Exchange Award*, y el *Santa Cruz Writer's Union Award*. Su trabajo ha estado en primer plano en el *Taos Review, Blue Mesa Review, Calyx, Triquarterly* y *Indiana Review*.

David Carlson Smith traduce literatura latinoamericana. Su traducción en inglés de *Trilce*, un libro de poemas de 1922 de César Vallejo, se imprimió en Japón y publicado en una edición ilustrada bilingüe por Viking Press en 1972. Un editor contribuyente pasado para *The American Poetry Review*, Smith también tradujo *Amerika, Amerikka, Amerikka*, una novela de la escena hispana-jipi de los años sesenta por Fernando Alegría. En la actualidad, Smith practica leyes y escribe guiones en Santa Fe, Nuevo México.

Glen Sorestad es un poeta canadiénse bien conocido quien vive en Saskatoon. Sus libros de poesía más recientes incluyen *West Into Night* (Thistledown Press, 1991) y *Air Canada Owls* (Harbor Publishing, 1990). Viaja freucntemente al suroeste.

Michael Sutin practica leyes en Sant Fe, Nuevo México. Es miembro de la Mesa Directiva de PEN, New Mexico, un miembro honorario de la Asociación Nuevamexicana del Libro y guía y oficial en The Poetry Center of New Mexico, igual que un miembro de Live Poet's Society.

Luci Tapahonso es indígena norteamerican, Navajo, nacida en Shiprock, Nuevo México, autora de varios libros de poesía y ha sido una Profesora Asistente de Letras Inglesas, Estudios de la Mujer y Estudios del Indígena Norteamericano en la Universidad de Nuevo México en Albuquerque. Actualmente enseña en la Universidad de Kansas en Lawrence. Sus colecciones de poesía incluyen *A Breeze Swept Through* (West End Press) y *Sáanii Dahataal (The Women are Singing)*(University of Arizona Press, 1994).

Jeanie C. Williams estudió poesía en Miami Universidad y recibió su Licenciatura en Teatro y Letras Inglesas de Humboldt State University. Ella estudió poesía en los programas posgrados de San Francsico State, la Universidad de Iowa y la Universidad de California en Berkeley y

Schloss, Jorie Graham, James Galvin, Carolyn Forché, Ruth Stone, Stan Rice, Kathleen Fraser, Sandra McPherson, Tom Clark, Larry Levis and Marvin Bell. After more than a decade in San Francisco and Berkeley, she relocated to Santa Fe, New Mexico in 1989, where she works as a poetry editor.

Nick Williams is in the seventh grade at St. Michael's High School in Santa Fe, New Mexico. Born in San Francisco, California, he is heavily involved in the sports of baseball, basketball and football and was a member of the All-Star Team for the Santa Fe American Little League District. He likes to hike in the desert with his dog, Eli, and would take his two cats, Cooper and Cochiti, if only they would learn to stay on the path.

Keith Wilson was awarded the *15th Annual Governor's Award for Excellence and Achievement in the Arts for Literature* in 1988, the highest artistic honor in New Mexican letters. Wilson has served on the *Puerto del Sol* Advisory Board and his books include *Lion's Gate: Selected Poems 1963-1986 (Cinco Puntos Press, 1988), Graves Registry (Clark City Press, 1992), The Winds of Pentecost* (1991) and *Meeting at Jal* (1985). He is a past professor of American Literature, Creative Writing and Southwestern Literature and former Director and Founder of the Creative Writing Program at New Mexico State University.

Credits

Lucile Adler: *A Wedding Near Pilar* is from *Traveling Out* (MacMillan, 1967), © Lucile Adler. Reprinted by permission of the author.

Robin Becker: *Creative Writing* is from *Backtalk* by Robin Becker (AliceJames Books), © Robin Becker. Reprinted by permission of the author. *The White Place* is from *Giacometti's Dog* (University of Pittsburgh Press, 1990), © Robin Becker. Reprinted by permission of University of Pittsburgh Press.

Charles Greenleaf Bell: *Silver Lining, Midsummer Night in Aspen Meadows* and *Lean to the Ponderosa* are from *Five Chambered Heart* (Persea Books, 1986), © Charles Greenleaf Bell. Reprinted by permission of Persea Books.

Richard Bodner: *Rio Hondo* is from *Talking from the Heart* (Men's Network, 1990), © Richard Bodner. Reprinted by permission of the author.

John Brandi: *Some Reasons for the Gods, A Place in the Rocks I Won't Give Directions To* and *If They Ask* are from *That Back Road In* (Wingbow, 1985), © John Brandi. Reprinted by permission of the author.

Peggy Pond Church: *The Kites and the Petroglyphs* is from *This Dancing Ground of Sky* (Red Crane Books, 1993). Reprinted by permission of Red Crane Books, Inc.

Jane Candia Coleman: *Jornada Del Muerto* is from *The Red Drum* (High Plains Press, 1995); *A Found Poem, Belle Starr Addresses the Sewing Circle, Desert Flowers* and *Newlyweds* are reprinted from *No Roof But Sky* (High Plains Press, 1990). All poems are © Jane Candia Coleman and reprinted by permission of High Plains Press.

Craig Denton: *Pajarito* is from *River Returns* (Footfalls Press, 1993), © Craig Denton. Reprinted by permission of Footfalls Press.

Victor di Suvero: *What is Your Name?* and *How Did We Come Here?* are from *Tesuque Poems* (Pennywhistle Press, 1993), © Victor di Suvero. Reprinted by permission of Pennywhistle Press.

Carolyn Forché: *Las Truchas; Alfansa* and *Mientras Dure Vida, Sobra el Tiempo* are reprinted from *Gathering the Tribes* (Yale University Press, 1976), © Carolyn Forché. Reprinted by permission of Yale University Press.

Gene Frumkin: *Soulfeathers for Albert Camus; Driving to Cuba, New Mexico* and *Keeping Watch* are reprinted from *Clouds and Red Earth* (Swallow Press, 1981), © Gene Frumkin. Reprinted by permission of the author.

Greg Glazner: *Summer Elegy in Santa Fe* and *After the Rains in Chimayo* are reprinted from *From the Iron Chair* (W.W. Norton, 1992), © Greg Glazner. Reprinted by permission of W. W. Norton.

Renée Gregorio: *Silent Dialogue* is from *New Mexico Poetry Renaissance* (Red Crane Books,

ha estudiado con David Schloss, Jorie Graham, James Galvin, Carolyn Forché, Ruth Stone, Stan Rice, Kathleen Fraser, Sandra McPherson, Tom Clark, Larry Levis y Marvin Bell. Después de más de una década en San Francisco y Berkeley, ella se ha mudado a Santa Fe, Nuevo México en 1989, en donde trabaja como editora de poesía.

Nick Williams esté en el séptimo grado en St. Michael's High School en Santa Fe, Nuevo México. Nacido en San Francisco, California, esté muy en vuelto en los deportes de béisbol, besquetbol y fútbol y fué un miembro del Equipo All-Star para el Distrito Santa Fe American Little League. Le gusta caminar en el desierto con su perro, Eli, y llevaña a sus dos gatos, Cooper y Cochiti, si solo aprenderían a mantnersen en el camino.

Keith Wilson ganó el *15th Annual Governor's Award for Excellence and Achievement en las Arts por Literatura en 1988*, el mayor honor artístico en letras de Nuevo México. Wilson ha estado en la mesa consejera en el *Puerto del Sol* y sus libros incluyen *Lion's Gate: Selected Poems 1963-1986* (Cinco Puntos Press, 1988), *Graves Registry* (Clark City Press, 1992), *The Winds of Pentacost* (1991) y *Meeting at Jal* (1985). Es un profesor pasado de Literatura Americana, Escritura Creativa y Literatura del Suroeste. Previamente fué Director y Fundador del Programa de Escritura Creativa en la Universidad Estatal de Nuevo México.

Reconocimientos

Lucile Adler: *A Wedding Near Pilar* es de *Traveling Out* (MacMillan, 1967), © Lucile Adler. Reimpreso con el permiso del autor.

Robin Becker: *Creative Writing* es de *Backtalk* por Robin Becker (AliceJames Books), © Robin Becker. Reimpreso con el permiso del autor. *The White Place* es de *Giacometti's Dog* (University of Pittsburgh Press, 1990), © Robin Becker. Reimpreso con el permiso de University of Pittsburgh Press.

Charles Greenleaf Bell: *Silver Lining, Midsummer Night in Aspen Meadows* y *Lean to the Ponderosa* son de *Five Chambered Heart* (Persea Books, 1986), © Charles Greenleaf Bell. Reimpreso con el permiso del autor.

Richard Bodner: *Río Hondo* es de *Talking from the Heart* (Men's Network,1990), © Richard Bodner. Reimpreso con el permiso del autor.

John Brandi: *Some Reasons for the Gods, A Place in the Rocks I Won't Give Directions To* y *If They Ask* son de *That Back Road In* (Wingbow, 1985), © John Brandi. Reimpresos con el permiso del autor.

Peggy Pond Church: *The Kites and the Petroglyphs* es de *This Dancing Ground of Sky* (Red Crane Books, 1993). Reimpreso con el permiso de Red Crane Books, Inc.

Jane Candia Coleman: *Jornada Del Muerto* es de *The Red Drum* (High Plains Press, 1995); *A Found Poem, Belle Starr Addresses the Sewing Circle, Desert Flowers* y *Newlyweds* son reimpresos de *No Roof But Sky* (High Plains Press, 1990). Todos los poemas son © por Jane Candia Coleman y reimpresos con el permiso de High Plains Press.

Craig Denton: *Pajarito* es de *River Returns* (Footfalls Press, 1993), © Craig Denton. Reimpreso con el permiso de Footfalls Press.

Victor di Suvero: *¿What is Your Name?* y *¿How Did We Come Here?* son de *Tesuque Poems* (Pennywhistle Press, 1993), © Victor di Suvero. Reimpresos con el permiso de Pennywhistle Press.

Carolyn Forché: *Las Truchas; Alfansa y Mientras Dure Vida, Sobra el Tiempo* son reimpresos de *Gathering the Tribes* (Yale University Press, 1976), © Carolyn Forché. Reimpresos con el permiso del Yale University Press.

Gene Frumkin: *Soulfeathers for Albert Camus; Driving to Cuba, New Mexico* y *Keeping Watch* son reimpresos de *Clouds and Red Earth* (Swallow Press, 1981), © Gene Frumkin. Reimpresos con el permiso del autor.

Greg Glazner: *Elegía Veranea en Santa Fe* y *Después de las Lluvias en Chimayo* son reimpresos de *From the Iron Chair* (W.W. Norton, 1992), © Greg Glazner. Reimpresos con el permiso de W.W. Norton.

Renée Gregorio: *Diálogo Silencioso* es de *New Mexico Poetry Renaissance* (Red Crane Books,